세계적인 명사들 엄마의

감정육아 인생조언

세계적인 명사들 엄마의

감정육아 인생조언

오지민 지음

명사를 만든 엄마들의 시크릿

북
씽크

우울증에 매 순간 세상 밖으로 사라지고 싶다는 생각을 했다.

8년여 전, 침대에 무기력하게 누워 있는 엄마 곁에 두 아이들이
다가와 내 양 팔을 벌리고 팔베개를 하고 누웠다. 순간 눈물이 주
르륵 흘러 내렸다. 나는 나 자신이 끔찍이도 싫은데 아이들은 사
랑 받을 자격조차 없어 보이는, 엄마로서 아이를 키울 자격도 없
어 보이는 그런 나를 조건 없이 사랑했다. 귀하고 사랑스러운 이
두 아이들의 엄마가 나 자신이라는 것이 참으로 받아들이기 어려
웠다. 나 자신이 너무도 미워서 아이들을 나 같은 사람으로 키워
서는 절대 안 된다고 생각했다. 그리고 최대한 내가 아닌 다른 사
람이 되려고 노력했다. 좋은 엄마, 좋은 이웃, 좋은 사람,…… 어
떻게 하면 다른 내가 될 수 있을까를 고민하는 일은 있는 그대로
의 내가 되는 길, 내 본성으로부터 점점 더 멀어져 가게 했다.

아이들은 한계 없는 바다같이 넓은 사랑을 끊임없이 선사하며

그런 엄마를 '있는 그대로의 나'가 될 수 있도록 이끌어 주었다. 불편한 행위와 말투, 감정을 표현하며 내 안에 있는 어두운 그림자를 끊임없이 들추었다. 아이들의 생기와 자유로움을 통해 나는 내 안의 아프고 어두운 그림자를 보았다. 내가 아이들에게 주었던 것들이 온전한 사랑이 아니었음을 알았을 때, 일주일간은 침대에서 나오기도 힘들만큼 에너지가 바닥이었다. 아이들을 키울 자신도 없었고 내가 성장한 대로 똑같이 대물림을 하게 될까 두려웠다.

둘 중 한 아이에게만 더 마음이 가고 한 아이에게 덜 가는 이해할 수 없는 내 마음의 근원을 알고 해결해야했다. 좀 더 마음이 간다고 생각했던 아이에게조차 내가 주었던 것은 온전한 사랑이 아니었음을 알았을 때, 이렇게 아이들은 내가 정리하고 놓아버려야 할 내면의 아픔이 있음을 비춰주고 안내해 주고 있었음을 깨달았을 때 눈물조차 나지 않을 만큼 큰 충격이었다. 그럴 때마다 나는 내면 깊은 곳으로 들어가야 했다. 그런 아픔을 대면하는 것이 바로 네가 해야만 하는 작업이라고, 잘 하고 있다고 그 모든 것들을 '자각하고 느껴야만' 과거를 정리하고 앞으로 나아갈 수 있다고 안내해 주는 이가 없었기에 상황에 함몰될 때마다 내면에서 일어나는 감정들을 처리하기가 참으로 힘들었다. 그저 죄책감에 손 하나 까딱 할 수 없을 정도였다. 아이들과 함께 지나온 어두운 터널을 생각하니 눈물이 흐른다.

얼마 전 한 친지 분과 전화 통화를 하는 중에 그 분이 내게 "너는 해탈한 사람 같구나."라는 말을 하셨다. 그리고 며칠 전 강연 후에 한 분이 내게 다가 와 이렇게 말씀하셨다. "강사님 저는 요즘 강사님처럼 깨달으신 분은 처음 봐요. 해탈하신 분 같아요."

나는 해탈의 정확한 의미도 모르는 사람이지만 이전의 나와 지금을 비교하자면 나는 지금 그리도 추구하고 가보고 싶던 저 너머에 와 있다. 한치 앞도 보이지 않던 뿌연 안개로 자욱한 길을 그 작은 한걸음으로 걸어와 보니 내가 그리도 닿고 싶어 하던 그곳에 놓여있다.

나는 이 책에서 독자 여러분들이 무엇을 해야 할 것인가 가 아닌 어떤 것들을 하지 않아야 하는지, 무엇을 얼마나 내려놓아야 하는지를 더 많이 이야기할 것이며 결국 우리는 더 이상 찾아 헤매야 할 것도 더 구해야 할 것도 특별한 그 무엇도 없음을 말할 것이다. 우리는 너무 많은 것을 보고 듣기에, 늘 먼 곳을 바라보기에 아주 가까이에 있는 단순하고 소박한 진실에 눈을 뜨지 못한다. 더 나은 내가 되기 위해, 훌륭한 아이로 키우기 위해 노력하는 것보다 지금 이 순간에 평온히 머무르는 일이 훨씬 더 어려운 법이다. 아이들에게 습관과 규칙을 가르치고 공부를 시키는 일보다 말랑한 젖살과 작고 통통한 손에 내 시선을 머무르게 하는 일이 훨씬 더 힘든 일이다. 지금 이순간 아이의 눈빛을 온전히 바라보며 충만한 사랑을 느끼는 일이 더 힘든 일이다.

성숙하고 의식이 높아진다는 것은 그 아이를 아이의 나이대로 있는 그대로의 모습대로 봐 줄 수 있는 것이다. 우리는 더 많은 것을 알지 못하기에 더 깊은 가치에 눈뜨지 못했기에 아이들을 통해 우월감을 채우고 싶어 하며 '교육'이라는 포장으로, 왜곡된 '사랑'이란 이름의 속박으로 서로 상처를 주고받는다.

부모인 우리는 우리 자신에게 초점을 맞추고 스스로 성장하는 법을 배워야 한다. 우리가 차곡차곡 쌓아온 불필요한 것들을 하나 둘 놓아버리게 되면 자연스럽게 우리 자신의 본성과 빛은 드러나게 되어있다. 부모가 해야 할 일은 바로 이것이다.

아이들을 통제하거나 우리식대로 길들일 수 없음을 받아들이고 스스로 성장하며, 있는 그대로의 내가 되고자 노력할 때 아이들은 그들만의 고유함을 드러내며 잘 성장할 것이다. 이것은 자연스러운 섭리다.

이 책을 쓰는 내내 놀라웠다. 앞길이 보이지 않는 안개 자욱한 길을 걷는 동안 누구도 같이 걸어주지 않았고 그 끝이 과연 있는지 알지 못한 채 그 길을 걸었다. 힘들고 지난하기만한 그 작은 한걸음이 내가 추구하고 원하는 그 곳을 향하고 있는 건지도 전혀 알지 못했다. 그런데 놀랍게도 이 책에 소개되는 명사(名士) 한분 한분의 어린 시절과 그들 어머니의 교육방식, 가치관을 조사하면서 내가 추구하고 향해 나아온 길이 바로 그 분들의 방식이었다는 것을 알게 되었다.

본질은 교육이 아니다.

아이들은 이미 완전하고 영적인 존재들이다. 그들 안에 이미 가지고 있는 것들이 자연스럽게 발현될 수 있도록 도와주어야 한다. 그들만의 고유한 결을 훼손하지 않고 잘 유지해 저마다의 색이 자연스럽게 드러날 수 있도록 관망하는 일은 참으로 쉽지 않다. 그러나 서로 배려하며 노력하는 그 시간 안에서 우리는 성장한다. 하나둘씩 불필요한 것들을 놓아버리면서 발견하는 작은 사랑 하나하나가 모여 결국 진실한 사랑에 내 삶이 더욱 가까이 놓일 수 있는 것, 그것이 본질이며 영원히 변하지 않는 진실이다.

부모가 된다는 것은 자신과 맺고 있는 관계를 통해 자신의 과거 경험으로 인한 인식, 기억의 반복과 끊임없이 마주해야 하는 힘든 여정이다. 누군가가 나를 위해 해 줄 수 있는 일이 아니다. 부모인 우리의 유일한 책임과 해야 할 일이 있다면 내면에서 반복되는 우리들의 '기억', 의식하지 못하는 사이에 늘 기억에 휘둘리는 우리의 반복되는 패턴들을 놓아버리는 일이다. 이미 완전한 아이들에게 사랑을 배우며, 우리 안의 상처와 과거를 놓아버리는 일 우리에게 필요한 것은, 우리가 해야 할 일은 그것뿐이다. 그렇게 하나둘 자신의 과거를 용서하고 정화하면서 발견하는 사랑을 아이들과 나누는 것, 필사적으로 해야 할 일이 있다면 오직 그 뿐이며 그게 바로 모든 것이다.

　이 책의 어느 한 부분이라도 여러분들의 가슴을 저릿하게 움직이고 흔들 수 있다면 그것으로 이 책의 목적은 충분할 것 같다. 머리가 아닌 가슴으로 이 책을 읽을 수 있다면, 내가 전하는 메시지를 가슴으로 내릴 수 있다면 여러분들의 삶의 매 순간이 유의미해질 것이다. 더 많이 내려놓고 더 많이 비우고 진정한 자신과 가까워지시기를……. 여러분들 자신이 누구인지 꼭 기억해 내시기를…….

오지민

잠재력 발현의 씨앗 믿음

엄마의 믿음은
아이의 무한 가능성
〈벤 카슨 박사의 어머니 소냐 카슨〉

나는 중학교 1학년, 여행보다는 학교를 더 좋아하고, 앞머리 손질에 대부분의 시간을 투자하는, 방탄소년단 팬 미팅 티케팅에 모든 것을 올 인하고 있는 딸아이와 시공간 개념 없이 순간을 사는, 늘 '아들육아'의 신세계를 경험하게 해 주는 10살 아들, 두 아이를 두고 있는 엄마다. 〈엄마표 영어 학습법〉, 〈엄마표 힐링육아 독서처방전〉 두 권의 저서를 쓴 작가 엄마이자, 전국으로 〈사교육 필요 없는 엄마표 영어〉, 〈엄마의 자존감을 되찾는 힐링육아〉 두 가지 주제로 강연을 다니고 있는 강사이기도 하다. 강의 도중에 나는 엄마들에게 자주 묻는다.

"아이와 일상을 지내다 보면 가끔 아이가 너무도 비상한 영재, 천재처럼 보이는 순간이 종종 찾아 오지요?"하고, 엄마들의 반응은 명확하게 나뉜다. 조금의 지체도 없이 공감하듯 바로 고개를 크게 끄덕이는 엄마들과 "내 아이가? 말이돼?"라는 듯 웃으며 고개를 도리도리 흔드는 엄마들. 물론 엄마가 믿는 대로 아이의 현실이 창조되고, 엄마가 아이를 바라보는 시선대로 아이는 성장한다는 메시지를 드리기 위한 질문이다. 이건 아이들의 문제가 아니라 믿음의 문제다.

내 아이를 그리고 나 자신을 어떤 시선으로 바라보고 있는가?
이 질문은 육아(育兒)라는 쉽지 않은 여정, 그리고 우리 삶에 있어서 아주 중요한 질문이다. 생각하고 믿는 대로, 내 머리에 가슴에 담는 대로 우리의 삶은 현실로 보여지기 때문이다.
얼마 전 중학생 아이를 두고 있는 한 엄마와 얘기를 나누던 중 그 엄마는 내게 고민을 토로했다. 아이가 사춘기인 듯 하고, 조울증인 것 같다고 했다. 아이와 감정적으로 부딪치는 날이 늘고 있다며 대부분의 다툼이 늘어나는 이유는 공부와 학습적인 부분 때문이라고 말이다. 가만히 이야기를 들어보니 아이의 일상이 너무도 힘겨워 보였다. 엄마는 사교육에 들이는 돈 만큼 아이의 실력이 늘기를 바라고 매일매일 아이의 일상을 확인하며 개입하려 드는 듯 했다.
그냥 아이에게 모든 것을 맡기고 자율을 주면 어떻겠느냐고, 아이는 이미 비상하고 똘똘해 보인다고, 모든 힘을 아이에게 넘겨줄 수 있겠느냐고 물었다.

그 엄마는 1초의 망설임도 없이 내게 이렇게 말했다. "아, 작가님이 제 아이를 몰라서 그래요."

아니!!!

그렇다. 물론 나는 그 아이를 모를 수 있다. 그렇지만 아이의 엄마인 자신은 자신의 아이를 어떻게 바라보고 있다는 말인가? 내 아이는 부족해. 부족하니까 채워야 해. 가만히 놔 둘 수 없어. 뒤처진단 말이야. 내가 뭐라도 해야 돼. 내 아이의 앞가림을 위해서라면 무엇이라도 하겠어. 라는 것이 요즘 엄마들의 마인드다. 자신의 아이를 사랑하지 않는 부모는 없다. 단지 그 이상의 가치를 알지 못하는 무지에서 비롯되는 생각들이다. 지혜와 분별력은 지식과 정보를 채우고 쌓으면서 얻을 수 있는 것이 아니다. 자신 안에 이미 있는 내면의 힘을 믿고 열린 마음을 갖는 것이 훨씬 중요하다.

어쩌면 이번 장의 주제인 '믿음'은 우리의 삶을 여행하는데 있어서 가장 중요한 길잡이가 될 수도 있겠다. 삶이라는 이 놀라운 여정을 걸어가는 동안 가장 큰 가치인 '사랑'을 발견하는 연장선 안에 있는 핵심적인 주제이기 때문이다.

자신의 내면에서 느껴지는 생각과 감정들을 늘 알아차리고 스스로에 대한 확신이 있는 아이, 어떤 난관에 봉착하더라도 내면의 목소리에 귀 기울이고 답을 찾아내는 아이는 언제 어느 곳에, 어떤 상황에 놓이더라도 안전하다.

그렇지만 슬프게도 교육현실은 학습적인 부분에만 큰 비중을 차지하고 시간을 들이도록 하고 있다. 내면에서 느껴지는 감각과 감정을 우선하도록 가르치기보다는 지식과 배움에 모든 것을 의지하도록 무언의 가르침을 주고 있는 것과 같다. 내면의 힘이 강한 아이, 마음만 먹으면 무엇이라도 해 낼 수 있는 무한계 인간으로 성장하게 하고 싶다면 무엇을 해야 할까?

먼저 나 자신을 믿을 수 있어야 한다. 스스로에 대한 확신이 없고 내가 아이를 키운다면 내 아이가 엉망으로 자라버릴 것만 같은 두려움, 그런 막연한 두려움은 누구에게나 존재한다. 그러나 두려움의 근간도 따지고 보면 사랑이다. 아이를 너무나 사랑하기에 좋은 것을 주고 싶고 훌륭하게 성장하게 하고 싶은 마음, 그 마음은 선하고 따뜻한 사랑이지만 우리는 스스로를 믿지 못하기에 최대한 많이 가르쳐야만 하고 학원에, 선생님에게 내 아이를 맡겨야만 하는 거다.

존스홉킨스 대학병원의 신경외과, 성형외과, 종양학과, 소아과 교수이자 소아신경외과 과장으로 일하고 있는 벤 카슨 박사는 1987년 세계 최초로 머리가 붙은 샴쌍둥이를 분리하는 데 성공해 '신의 손'이라는 별명을 얻었다. 그는 미국 디트로이트 흑인 빈민가에서 태어나 부모님의 이혼 후 매우 가난한 환경에서 자랐다. 그의 어머니 소냐는 아버지 없이 두 아들을 키우며 생계를 꾸려야 했다. 학교 교육도 3년 밖에 받지 못한 어머니가 구할 수 있는 일은 많지 않았고 가정부 일을 하며 생계를 꾸려야 했는데 아이들이 잠들 때까지 집으로 돌아오지 못할 때가 많았다고 한다.

어린 카슨은 4학년이 될 때까지 흑인이라는 이유로 자주 놀림을 당하고 꼴찌를 도맡아 하는 학습 부진아였다. 공부도 못하고 TV쇼에만 빠져 지내던 소년이 어떻게 세계적인 외과 의사가 될 수 있었을까?

벤 카슨의 성장기인 1960년대에는 흑인차별이 심해 흑인은 성공을 꿈꾸거나 대학조차도 상상하기 어려웠던 시절이었다. 그럼에도 불구하고 그는 초등학교를 수석으로 졸업하고 사우스 웨스턴 고등학교를 3등으로 졸업했으며 존경받는 세계적인 의사, 훗날 대통령 후보에까지 오르는 성공적인 삶을 살았다. 그는 수많은 인터뷰에서 지금의 자신이 될 수 있었던 가장 큰 영향은 어머니였다고 말한다. **자신의 꿈을 이룰 수 있었던 원동력은 어머니의 믿음과 지지였다고 말이다.**

훌륭한 의사가 되어 의료선교를 하고 싶다는 어린 벤 카슨에게 그의 어머니가 했던 말은 "**네가 그렇게 마음먹었다면 넌 꼭 꿈을 이룰 수 있을 거야.**"였다. 벤 카슨의 형을 흑인이라는 이유로 취업반에 넣겠다는 학교공문을 보고 어머니는 학교에 찾아가 이 아이는 대학에 진학할 것이므로 절대 취업반에 넣지 않겠다고 항의했던 사건이 있었는데 그런 어머니의 모습을 보며 벤 카슨은 자신도 대학을 갈 수 있겠다는 생각을 갖게 되었다고 한다.

벤 카슨은 "어머니는 학교를 다니지도 돈이 많지도 좋은 옷을 입지도 않았지만 돈으로도 살 수 없는 풍요로움을 가지고 있었는데, 그것은 바로 자녀들에 대한 사랑이었다."라며 어머니에 대한 사랑과 존경을 표했다. 어머니의 가르침인 너는 할 수 있다. 크게 생각하고 최선을 다하라는 메시지를 그는 책과 강연을 통해 나누었다.

'너는 할 수 있다.'는 너무도 진부해 보이는 이 말에는 엄청난 힘이 담겨있다. 가보지 않은 육아라는 시간을 통과하며 보이지 않는 믿음을 향해 나아갈 수 있다는 것은 참으로 쉽지 않은 길이기 때문이다. 자신과 아이에 대한 믿음이 없다면 발휘할 수 없는 힘이라는 것이다. 육아라는 시간은 경험해 보지 못한 길이며 누구도 내일을 살아보지 않았기에 두려움으로 일상을 살고 육아를 하기 마련이다. 아이를 사랑하기에, 누구보다 훌륭한 아이로 자라게 하고 싶기에 오지도 않은 미래, 진실이 아닌 두려움을 끌어와 순간을 허비하곤 한다. 그럼에도 생계를 꾸려가며 두 아이를 키운다는 것, 당시의 녹록치 않은 삶을 살아내며 아이의 대한 믿음을 비춰 주었다는 것은 참 위대한 힘인 것 같다.

잘하고 있어, 네가 아이를 키운다면 그 아이는 정말 훌륭하게 성장할거야 라고 따뜻하게 누가 이야기해 주던가? 누구도 해 주지 않은 그 말을 자신에게 해 줄 수 있으려면 자신을 믿을 수 있어야 한다. 자신에 대한 믿음이 있다면 모든 것이 가능하다.

'네 안에서 느껴지는 모든 감각과 감정을 온전히 믿고 신뢰해. 그것이 바로 너의 엄청난 힘을 되찾는 길이야.' 라고 나는 오랜 시간동안 나 스스로에게 말해왔다.

오래 전, 우울함과 외로움으로 무기력하게 누워 있던 나. 그런 내가 좋다고 내게 와서 팔베개를 베고 양 옆에 누워있는 두 아이들을 보면서 눈물이 주룩주룩 흘러내리던 그 날을 기억한다.

아이들이 참 버겁게 느껴지고 무기력에 쩌들은 나. 그런 내가 이 사랑스러운 아이들의 엄마라는 것 그 사실이 참 받아들이기 힘들었었다.

나 자신을 받아들이고 수용하는 작업이 전혀 되지 않았던 때, 아이들을 진정으로 사랑할 수 있는 상태에 놓일 수 있으려면 먼저 나 자신을 받아들이고 사랑하는 것, 그것을 가슴으로 내려야 한다는 것을 전혀 알지 못하던 그 때, 매일매일 바닥을 치며 최악의 나를 경험하던 그 때 그 시간들이 있었기에 지금의 내가 있음을, 결국 그 모든 시간들은 온전한 나 자신으로 돌아가는 그 길을 걸어온 것임을 이제는 받아들인다.

아이를 잘 가르쳐 훌륭하게 키워내는 일, 그 이전에 나 자신을 사랑하고 자신에 대한 믿음으로 아이를 비출 수 있어야 한다. 현실에서 보여지는 모든 현상은 자신의 내면을 반영하는 거울이기 때문이다. 그럴 수 있다면 아이 또한 스스로의 힘을 믿고 '자아실현'을 하는 무한계 인간으로 자랄 수 있지 않을까 생각해본다.

벤 카슨의 어머니 소냐 카슨처럼 어떤 상황에서도 아이를 믿는 것, 자신의 처지와 상관없이 이 아이는 반드시 훌륭하게 성장할 것이라는 믿음, 보이지 않은 그 믿음으로 나아갈 때 아이의 미래는 밝게 빛날 것이다.

나는 어떤 믿음을 가지고 있는가?
내 아이의 잠재력, 무한 가능성을 믿고 지지할 수 있는가?
내 아이는 부족해, 부족해서 늘 뭔가로 채워야해 라는 시선으로 아이를 바라보고 있는가?
자신의 내면을 지배하고 있는 믿음을 한 번쯤 되돌아보고 점검해 볼 일이다. 이는 곧 아이의 미래가 될 중요한 씨앗이기 때문이다.

누구도 너를
판단할 수 없어

〈마이클 펠프스 어머니 데보라 펠프스〉

"아니야. 아니야. 앉아." 아이를 다그치는 소리가 요란하게 들린다. 아이의 엄마는 아이의 산만한 행동을 저지하려는 듯 보이지만 엄마의 말투와 행동이 훨씬 소란스럽게 느껴졌다.

어느 날 이비인후과 진료를 기다리는 도중 한 아이의 엄마가 아이의 행동을 과하다 싶을 정도로 제지하는 듯 보여 절로 시선이 갔다. 병원에서 대기하고 있는 다른 분들도 모두 그 아이와 엄마를 주목하는 듯 했다. 초등학교 2, 3학년 쯤 되어 보이는 남자 아이였다. 아이는 옆자리에 앉은 어린 아이가 게임을 하는 것을 구경하고 싶어 하는 듯 보였는데 그 조차 엄마는 허용하지 않는 듯 했다.

약국에서도 진열된 비타민을 이것저것 만져보고 싶어 했는데 엄마는 "아니야. 아니야" 소리를 반복하며 아이를 자리에 앉아 있도록 했다.

타인에게 피해가 가는 행동을 하는 것도 아니었다. 그저 호기심 잔뜩인 듯한 행동을 보이며 옆에 앉아있는 아이가 보고 있는 스마트 폰을 들여다보고 약국에 있는 비타민을 들었다 놨다 했었는데 엄마는 어떤 움직임도 용납지 않겠다는 태도를 보이며 단호한 말투로 이렇게 말했다.

"너 자꾸 그러면 담임선생님한테 전화해서 바꿔 줄거야." 정말 엉뚱한 말이었다. 아이가 담임선생님을 무서워하는구나 싶었다. 엄마는 약을 받아들고는 서둘러 아이를 데리고 자리를 떠났다. 그 아이가 조금 특별해 보이긴 했다. 초등학교 저학년 쯤 보이는데도 불구하고 세상이 온통 호기심 천국인 서너 살 걸음마 하는 아이처럼 행동했고 아이의 엄마는 아이의 모든 행동을 억누르고 저지하려는 듯 보였다. 억누르려고 하면 저항은 커지고 밖으로 꺼내지 못한 압력은 더욱 커질 텐데 말이다.

지금까지 가장 많은 올림픽 메달을 보유하고 있는 수영 황제 마이클 펠프스.

그는 2016년 리우 올림픽에서 금메달 5개, 은메달 1개를 목에 걸며 은퇴했다. 역대 올림픽 메달 최다보유자 2008년 베이징 올림픽에서는 금메달만 8개를 획득하는 걸 보며 뭐지?? 마이클 펠프스는 어떤 사람일까? 저 분은 지금 어떤 기분일까? 궁금했었다. 2016년 리우올림픽이 한창이던 때 이런 신문기사를 보았다.

〈리우에서 펠프스 꺾은 스쿨링, 싱가포르에 대회 첫 금〉

2016년 8월 13일 싱가포르의 수영신동 스쿨링이 수영 황제 마이클 펠프스를 꺾고 금메달을 차지했다는 기사였다. 어릴 적부터 조셉 스쿨링은 '펠프스 키드'라고 불릴 만큼 마이클 펠프스를 존경하며 수영에 대한 꿈을 키워 왔다고 한다. 늘 존경해오던 자신의 영웅과 나란히 겨루어 금메달을 따낸 것이다.

그리고 같은 해 리우올림픽에서 금메달을 따내고 세계기록까지 깼으며 4관왕을 차지한 여자 수영선수 케이티 러게티가 있다. 케이티 또한 마이클 펠프스를 동경하며 롤 모델로 삼고 성장해온 수영 꿈나무였다는 글을 보고 나는 마이클 펠프스 사진을 오려서 다이어리에 꽂았다. 나에게 왠지 모를 강력한 동기부여가 된 듯 느껴졌다. 지금 생각하면 나의 그 행동이 웃기지만 어쨌든 나는 엉뚱하게도 마이클 펠프스 사진을 다이어리에 아주 오랫동안 꽂아 두었다.

마이클 펠프스는 7세가 되던 해에 주의력 결핍-과잉행동증후군(ADHD) 판정을 받았다. 짧은 다리에 긴 팔을 휘적거리고 다니며 행동도 부주의한 눈에 떠는 이 아이는 언제나 또래들의 놀림 감이 되었다. 어떤 것에도 집중하지 못하는 듯 보이는 아이는 공격성과 산만함으로 선생님, 의사들까지도 피하는 아이였다. 그런 마이클의 어머니는 ADHD의 과잉행동을 제어하고 치료하기 위해 수영을 가르치기로 했다. 마이클처럼 에너지 넘치는 아이가 마음껏 에너지를 분출하게 할 수 있겠다는 생각에서였다.

"그렇게 하지마."라는 말 대신 마이클의 어머니가 선택한 말은 "그래 잘했어. 다시 한 번 해봐."였고 펠프스는 어머니의 사랑이 담긴 그 말을 가장 좋아했다고 한다. 어머니의 인정과 격려로 처음 수영을 접하게 된 마이클은 끔찍이도 물을 무서워했고 적응하기 쉽지 않았지만 그의 어머니는 아이가 물에 익숙해지고 스스로를 다스릴 수 있도록 도와주었다. 어린 펠프스는 수영에 집중하면서 약물치료도 자연스럽게 끊었다고 한다. 데보라 펠프스 여사는 아들이 ADHD라는 사실만 받아들이지 않았다. 산만한 호기심과 상상력이 몰입을 통한 집중력 향상으로 이어질 수 있는 가능성을 열었기에 가능한 일일 것이다. 약물치료에만 의지하고 아이의 산만함과 공격성을 억압하기만 했었더라면 지금의 수영 황제 마이클 펠프스는 없을 것이다.

작년 7월 나의 두 번째 책 〈엄마표 힐링육아 독서처방전〉이 출간되고 도서관, 푸름이닷컴, 문화센터 등 곳곳에서 강의를 할 기회가 찾아왔다. 이후로 지금까지 꾸준히 강연활동을 하고 있다.

강의를 마치고 나면 항상 질문답변시간을 갖는데 강연도 횟수가 늘어나다보니 엄마들에게 듣게 되는 질문이 공통적으로 추려지고 심리적으로 힘들어 하는 부분도 대부분 같다는 걸 알게 됐다.

아이와 일상을 지내다보면 내면, 심리적인 것들이 참 많이 건드려 지고 불편한 감정을 마주하게 된다. 이런 감정은 대부분 과거의 경험으로 인한 두려움, 정리되지 않은 과거로부터 비롯된 인식들로부터 온다. 이는 불안, 죄책감으로 이어지는데 엄마들은 대부분 내가 느끼는 감정의 이유를 모르면서 힘들어한다. 원인모를 짜증, 화, 분노, 불안, 두려움이 수시로 찾아와 우리를 불편함으로 휘감지만 그 감정들의 근원이 무엇인지 전혀 알 수 없다는 것 그 이유가 가장 큰 것이다.

치열하게 전투육아시간을 보내고 있는 엄마들의 일상, 고민을 들어보니 내가 아이들이 어릴 적 가장 힘들어 하던 시기, 그리고 딜레마에 빠져 어려움을 겪던 일들이 모두 비슷했다.

육아라는 시간을 많이 보내보지 않은 영, 유아를 두고 있는 엄마들에게는 참으로 버거운 시간들이지만 내가 통과하고 나아온 그 시간들은 경험을 스승삼아 배운 깨달음, 처절함 속에서 깨닫게 된 강력한 성장의 기회들이 아니었던가? 끝도 없어 보이는 그 어두운 터널을 지나오면서 발견한 귀한 가치, 90분 강연에서는 미처 말하지 못하는 이 많은 교훈과 깨달음을 어떻게 많은 분들에게 나누고 전할 수 있을까를 고민하면서 유튜브 채널을 개설했다.

〈엄마표 힐링육아 독서처방전〉이 출간된 이후 블로그에 비밀댓글로, 안부글로 질문을 남겨주시는 분들이 조금씩 늘어나기 시작했는데 가장 많은 부분을 차지하는 질문은 역시 심리적인 부분이었다.

그 질문에 대한 답을 영상으로 제작해 한두 개씩 업로드하기 시작했는데 영상이 한두 개씩 늘어나고 쌓여갈수록 질문댓글은 끊이지 않고 이어졌다. 구독자 분들은 책 소개나 참고도서를 알려드리는 것보다 육아에 대한 내 경험을 이야기해 드리는 것을 훨씬 좋아하시는 듯 했다.

어느 날 한 분이 블로그에 긴 글을 남겨주셨다.

아이가 좌절되는 상황에서 달래도 화가 잘 누그러지지 않고 엄마에게는 과격한 표현도 한다고 하시며 고민을 토로하셨다. 아이의 기질, 자신의 양육방식에 관한 이야기도 들어보고 엄마 자신의 내면으로 인해 힘든 부분을 상담 받아 보고 싶어 아이와 심리상담을 한번 받으러 가셨다고 했다.

고민을 털어놓을 곳이 없어 이곳에 와 작가님께 글을 남긴다고 하시며 유튜브 영상으로 한번 다뤄 주신다면 너무 힘이 될 것 같다고 하셨다. 심리상담소에서는 아이가 내면화 부분의 불안도가 높고 공격성 등도 참고 있으며 그림을 통해 보는 내면도 심리적으로 많이 힘들어 유치원 생활도 힘들었을 거라고 얘기하셨다고 한다. 아이는 놀이 치료를 해야 할 것 같다고 하셨고, 엄마 자신의 불안과 내적불행 등을 이야기하니 우울검사를 권하셔서 검사를 받고 오셨다고 글을 남겨주셨다.

A4용지 한 장은 족히 될 법한 그 긴 글을 읽어 내려가는데 내가 보기엔 아이도 엄마에게도 어떤 문제도 없어보였다. 나는 심리학 박사도, 육아 관련한 논문을 쓴 사람도 아니지만 이렇게 강력하게 말할 수 있는 너무나도 명확한 이유가 있다.

내가 지내온 처절했던 동굴육아라는 시간, 불안에 떨며 나와 내 아이에 대한 고민을 그리 긴 글로 남겨주신 그 분과 너무도 같은 경험을 해 왔다는 것이다. 나는 지금 이 글을 쓰는데 눈물이 난다.

얼마나 아픈지, 얼마나 두렵고 불안했는지 그 시간을 지내온 나 자신에 대한 연민과 대견함, 그리고 그 글을 남겨주신 분에 대한 공감과 연민, 사랑으로 마음이 저릿해진다.

그 분의 글을 보고 나는 〈육아하면서 불안하신 분들에게 전하는 메시지〉 라는 제목으로 유튜브 영상을 만들어서 업로드를 했다. 심리상담소에서 들은 이야기만으로도 불안이 조장되고 두려움이 엄습한다. 마치 내가 아이를 잘못 키우기라도 한 듯 엄청난 죄책감, 자괴감으로 감정은 더 곤두박질 칠 것이다. 그렇지 않은가?

세 돌이 막 지난 아들을 두고 있는 지인과 이야기를 나눈 적이 있다. 부부는 맞벌이를 하느라 아이를 맡길 데가 없었고 영아 때부터 입주 베이비시터를 두고 있었다. 자연스럽게 어린이집에 그 시기부터 아이를 맡길 수밖에 없었는데 어린이집 교사는 아이의 부모에게 아이가 너무 산만하다고 수시로 지적을 했다고 한다. 지인은 결국 세 돌도 되지 않은 아이를 심리 상담센터에 데리고 가서 검사를 받았다고 했다. 내 아이를 오랜 시간 동안 남의 손에 맡길 수밖에 없으니 부모인 나는 아이에 대해 잘 모른다는 생각이 클 수밖에 없었던 것 같다.

나도 그랬던 시기가 있었다. 지금 중학생이 된 딸아이를 어린이집에 맡기고 유치원에 보내던 시기. 상담날짜가 되면 값비싸고 최대한 고급스러운 물건을 골라 선생님께 가져다 드렸다. 원장선생님 원감선생님께도 챙겨드리고 사과 한 박스를 어린이집으로 수시로 보내기도 했었다. 지금 와서 그 때의 나를 돌이켜보면 나 자신에 대한 확신, 좋은 엄마의 기준조차 모르던 초보엄마가 그저 보여지는 것들, 외부적인 것들에만 초점을 맞추고 많은 에너지를 낭비하던 시간이었다. '나는 모른다'에 갇혀 모든 힘을 남들에게 내어주고 있었던 거다.

내 아이에 대해 어느 누구에게도 묻지 말라. 내 아이는 엄마인 내가 제일 잘 안다. 누구에게도 내 아이를 판단하게 두지 말라. 부모인 나 자신도 내 아이를 판단하고 규정짓지 않으며 신도 우리를 판단하지 않는다. 그런데 어느 누가 아이를 판단하고 규정할 수 있는가? 부모인 내가 허용치 않는다면 누구도 내 아이를 판단할 수 없다. 아이의 열린 가능성을 받아들이고 아이의 고유함과 특별함을 존중해 줘야한다. 초등학교 상담을 가더라도 "제 아이 어때요?" 라고 묻지 말고 "제 아이는 이렇습니다." 하고 아이의 훌륭한 점, 장점을 말하라. 학기 초에 불안해하거나 예민하고 섬세한 기질의 아이를 두었다면 그 부분을 진정성 있게 말씀드리고 조금만 지켜봐주시고 배려를 부탁드린다고 요청하면 된다. 나는 그렇게 하고 있다. 엄마의 신념이 명확하다면 누구도 나에게 와서 조언하거나 흔들 수 없다. 자신을 믿고 아이의 무한 가능성을 믿어보라.

나는 댓글로 긴 글을 남겨주신 분께 영상으로도 아이의 행동은 너무나 자연스러워 보이고 어떤 문제도 없어 보인다고 전했다.

〈영상에서 말씀 드린 대로 불안과 두려움을 통과하고 계신 대면의 시간이라 생각하시면 좀 더 편안해지실거에요. 제가 보기엔 그래 보이고 저도 그런 시기를 겪었어요. 아이의 행동은 너무나 자연스러워 보이고 어떤 문제도 없어 보여요. 힘내시고 걷고 계신 그 길 아프고 힘드시겠지만 나아가고 계심을 알고 있어요. 터널 끝에는 빛이 있음을 꼭 기억하셔요. 가시는 그 길을 축복합니다. 응원드리고 사랑합니다. 힘드신 그 시간에 저를 떠올리시고 연결해주셔서 많이 감사해요.〉 라고 댓글을 남겨 드렸다.

다음은 내가 영상으로 답해드린 유튜브 영상을 보시고 그 분이 남겨주신 글의 일부다.

〈작가님, 먼저 너무 감사드립니다. ㅜㅜ 어제 친 동생네 집에 놀러 가 있었는데 작가님 댓글과 영상을 동생이랑 함께 보면서 너무 감사했어요. 한 차원 높은 의식에서 말씀해 주시는 거라 지금의 저에게는 많은 위로가 되고 지금의 제 상황을 다 괜찮다고 수용해주시고 그 시기를 통과해서 안다고 괜찮다고 해주시니 제 마음이 편해졌어요.

엄마의 불안이라는 것, 그리고 아이는 너무나 자연스럽다는 것, 저 또한 작가님의 예전 그 때처럼 그저 대면하고 두려움을 통과하는 시간이라는 것, 그걸 받아들이고 느끼라는 그 말씀 마음에 잘 새기고, 매일 선택하고 바라보고 놓아버리는 연습을 할게요. 그리고 매일 한두 개라도 감사일기 쓰고 제가 선택한 것을 생각하고 그것을 믿도록 노력할게요.

작가님 말씀대로 내면, 무의식 등에 너무 매몰되어 지금 일상을 살기가 어렵고 매우 무기력해져 있는데 너무 민감하게 연관 짓지 않고 그저 내 아이와의 오늘만 생각하겠습니다. 그러다보면 언젠가 터널 끝이 보이겠죠..^^〉

이렇게 우리는 선택할 수 있다.

심리상담소에서 얘기한 것처럼 '뭐든 심리적으로 문제가 있어 보이는 아이, 그래서 치료를 받으러 다녀야 하는 아이' 그리고 아이의 행동에는 어떤 문제도 없고 아이가 성장하면서 겪게 되는 당연한 자연스러움 '아이의 온전함' 어느 쪽을 믿고 싶은가? 아니 믿을 수 있는가?

무엇을 믿고 선택할 것인가는 엄마의 몫이다. 아이의 어떠함이 아닌 엄마 스스로에 대한 믿음, 아이에 대한 믿음과 지지의 문제인 것이다.

3

부모의 긍정은 최고의 베이스캠프

〈젝 웰치 어머니 그레이스 웰치〉

　재작년 출간된 나의 첫 저서 〈엄마표 영어학습법〉의 부제는 '사교육 없는 세상 만들기'다. 엄마표로 영어를 가르치며 이끄는 방법이 아닌 '아이를 따라가는 교육'에 관한 메시지를 전하고자 이 책을 썼다. 나는 사교육을 가르치지 않던 엄마가 아니다. 누구보다 빨리, 누구보다 많이 엄청나게 많은 것들을 가르치던 욕심 많은 엄마였다. 학습도, 영어도 무지함과 미숙함으로 아이를 배려 없이 이끌었던 시간들이 있었다. 그렇게 내 생각대로 이끌던 모든 것들을 내려놓고 초등학교 입학 전에 모든 사교육을 끊었다. 그리고 아이가 5학년이 될 때까지 그 시간 안에서 겪었던 시행착오, 아이와 부딪치며 가슴으로 깨닫게 된 이야기, 육아, 내면, 심리를 모두 다루고 있는 책이 〈엄마표 영어학습법〉이다. 사교육으로 시작한 주입식 교육에서 아이의 관심사를 따라가는 배려 깊은 육아를 하게 되기까지 참으로 스펙터클했었던 나의 부끄러운 과거 그 이야기를 해 보겠다.

오랜 시간이 지났지만 첫 아이를 출산한 후 느꼈던, 이전엔 단 한 번도 경험해 보지 못한 그때의 복잡 미묘한 감정을 기억한다. 그때의 나는 세상을 다 가진 것만 같은 기분, 축복으로 샤워를 하는 것 같은 기쁨과 함께 알 수 없는 부담감, 엉뚱하게 어디론가 도망쳐 버리고 싶은 이상야릇한 불편한 감정 사이의 그 어딘가였던 것 같다. 남편이 출근을 하고 나면 신생아와 나 이렇게 덩그러니 남겨져 있는 고요한 적막감이 참 불편했었다. 내가 느끼는 이 불편한 감정이 외로움인지 우울함인지 조차 모르던 그 때, 나는 늘 TV볼륨을 크게 더 크게 틀곤 했었다. 당시에 말 못하는 아이에게 잦은 수다로 말을 건네고 동요를 수시로 불러주며 눈을 맞추고 이야기 나누며 아이와 교감해야 한다는 것? 자주 대화하며 감정을 교류해야 아기의 뇌 발달에 좋고 정서적으로도 건강해진다? 뭐 이런 걸 당연히 모르는 엄마였다. 아이가 내 얼굴을 바라보고 젖을 먹고 있을 때에도 내 시선은 늘 TV를 향해 있었던 것 같다.

말 못하는 아기 말고 성인과 대화를 하고 싶었다. 누군가와 만나 수다라도 떨면 답답하고 외로운 마음의 숨통이 조금이라도 트이는 것 같았다. 임산부 수영을 다니며 알게 된 지인 언니들과 아기를 데리고 이 집 저 집 몰려다니며 낮맥을 마시고 수다 떠는 그 시간이 좋았다. 잠깐의 오아시스를 만난 것 같은 기분? 돌아보면 큰 의미도 없는 그 시간들 안에서 무언가 내가 찾는 파랑새를 찾아 헤매듯 아이와 오붓한 둘만의 시간을 허락하지 않고 밖으로 돌아다니곤 했다. 아이가 하원하고 나면 4~5시경 아이를 태우고 백화점 유아동관으로 가 아이 명품 옷을 수시로 구입하고 아이는 원하지도 않는 비싼 수입인형을 수집이라도 하듯이 사 모았다. 이렇게 지난날의 나를 글로 나열하고 나니 굉장히 내면이 불안한, 철없는 엄마로 느껴져 낯 뜨겁고 민망하지만 솔직히 그 때의 나는 그랬었다. 내가 어떤 내면과 마인드로 육아를 하고 있는지 나 자신은 전혀 보이지 않았다. 당시에는 최대한 많은 정보로 고급스러운 교구와 교육을 아이에게 주는 것이 내가 해야 할 일이라고 생각했고 아이가 어린이 집을 다니던 시기 또래 아이들을 보면 저 아이들이 초등학교 입학을 한다면 어느 아이가 공부를 제일 잘 할까? 온통 그 생각뿐이었다. 내 아이가 앞서야 했기에 당시의 내 의식에서 할 수 있는 선택이라곤 더 많이 더 빨리 가르치는 수밖에 없었다. 국어, 영어, 수학, 한자, 피아노, 연산 이 수업들을 동시에 가르친 적이 있을 정도로 유난을 떠는 엄마였다. 내 아이에게는 최고의 교육을 주어야 하고 누구보다 내 아이는 특별해야 했기에 창의성에 도움이 된다는 미술, 피아노도 학원이 아닌 방문선생님을 불렀다. 아이는 크게 힘들어 하지 않고 내가 이끄는 대로 잘 따라주었다.

　그런데 아이가 7세 전 후 즈음 생각지도 못한 육아의 첫 딜레마 그 난관에 봉착을 하게 되었다. 아이가 이전에는 좀처럼 하지 않던 말, 이상하리만큼 "안아줘."라는 말을 많이 하며 나에게 왔다. 아이가 안아달라고 하면 엄마가 아이를 안아주면 될 일인데 나는 그 '안아줘'라는 말만 들으면 불편한 감정이 느껴졌다. 당시에 아이가 퇴행을 하면서 이제까지 받지 못한 온전한 사랑을 받고 채우려고 나에게 자꾸 온다 라는 것을 그때는 알지 못했다. 어려서도 하지 않던 안아달라는 말을 다 커가지고 왜 저렇게 하는 것일까? 의아했다. 둘째를 출산한 이후로도 어떤 퇴행도 말썽도 부지지 않던 순둥이 착한 아이, 착한 누나는 점점 못된 악동, 무법자로 변해가기 시작했다. 동생을 고아원에 보내자며 세상에서 동생이 제일 싫다는 말, 동생이 없어져 버렸으면 좋겠다는 말을 하루에 몇 번씩 했었다. 아이는 그렇게 내 안에 억압되어 있는 감정과 감각들을 자극하기 시작했다. 아이를 안고 싶지만 안을 수 없는 강한 저항, 도대체 내 안의 어떤 무의식이 나를 지배해 아이를 자꾸 밀어내는 것일까 의문이 들었다. 아이와 나 사이에 뭔가 자욱한 안개로 둘러싸인 듯 한 느낌, 아이를 사랑하고 싶은데 마음처럼 되지 않는 나.
　이 시기가 너무도 힘들어 아침에 눈을 뜨고 싶지 않을 정도였다. 왜 나는 아이가 불편한 것일까? 왜 나는 아이의 눈빛을 똑바로 쳐다 볼 수 없는 것일까? 아이를 키우기 전에는 단 한 번도 체험해 보지 못한 감정, 수시로 차오르는 분노를 나 스스로 처리할 수가 없었다.

상담이라도 받아볼까? 라는 생각이 수시로 들었고 그러면서 심리서적을 찾아 읽기 시작했다. 육아서, 심리서를 한두 권 읽어가면서 엄마들의 상처, 정리되지 않은 과거, 상처받은 내면아이 이런 내면과 심리적인 부분들을 이해하게 되었다.

나는 아이들에게 사랑이라고 주었던 것들이 온전한 사랑이 아니었다는 것을 알게 된 이후 그 때 느껴졌던 충격은 말로 설명할 수가 없다. 이런 것들을 전혀 모르고 비싼 아이 옷을 구입하며 내 욕심으로 이끄는 사교육을 그리도 많이 하고 있었다니 라는 것을 가슴으로 이해하고 난 후 사교육을 하나 둘 정리하기 시작했다. 그리고 아이가 초등학교 입학을 앞둔 2월 마지막으로 원어민 그룹수업을 정리하며 모든 사교육을 끊었다. TV보는 시간, 이웃엄마들을 만나는 시간이 아까워졌다. 얼마나 섬세하게 아이들을 대해야 하는지, 엄마들이 알아야 할, 우리가 생각하는 이상의 가치가 얼마나 많은지 알고 난 이후 집에 늘 흘러나오던 TV선을 빼버렸다. 그리고 의도적으로 주변 엄마들과의 만남을 최대한 자제했다. 당시에 이웃 엄마들을 만나면 내가 더 많이 알고 있는 척, 몰라도 아는 척, 알아도 모르는 척을 하느라 모임 후 집에 돌아오면 낮잠을 자야할 정도로 에너지가 많이 소모되었다. 당시에는 있는 그대로의 나 자신을 숨기고 '척'해대며 철저히 나 자신을 방어하느라 그리 몸이 아팠다는 것을 전혀 알지 못했다. 좋은 엄마의 기준? 조차 없던 사람이었기 때문에 좋은 엄마의 역할은 아이들이 필요한 물건을 사고 제때 맞는 교육을 시키고, 계절 따라 옷을 구입하는 것(??) 그때 나의 의식은 딱 그 수준이었다. 아이들과 나에 좀 더 집중하고 내 의식이 좀 더 확장되고 성장할 때까지 만남을 자제하자 라는 생각을 했다. 그리고 그 때부터 글로 배운, 책으로 배운 '사랑'이라는 것을 아이들에게 주기 위해 참 많은 노력을 했다.

'안 된다 안 돼.' 사랑이라는 것은 배워서 되는 것이 아닌가 보다 라며 자괴감으로 수많은 날을 보내야 했다. 심리적인 부분, 내적 상처 이런 것들을 이해하고 나니 오히려 일상은 훨씬 더 버거워 졌다. 불편하게 느껴지는 아이의 행위와 말투 등은 모두 아이의 문제가 아니라 내 안의 내면을 살피고 정리해야 한다는 것, 아이는 나를 힘들게 하는 것이 아닌 내 안의 정리되지 않은 내면을 비추고 있다는 것을 나는 받아들여야 했다. 이전처럼 아이에게, 누군가에게 모든 불편한 감정을 던져버리고 '너 때문에' ' 당신 때문에' 라는 명목으로 상대방에게 모든 책임을 돌리고 싶은 마음을 정리하고 나 자신으로, 내면으로 들어가야만 함을 인정해야 했다. 바로 이것이 과거를 정리하는 작업, 치유, 성찰의 시간이라는 것을 나는 이 때 처음 배웠다.

다 포기하고 이전의 나로 돌아가고 싶었다. 왜? 나만 왜 내가 참아야 되는데? 라는 생각에 억울함과 분노가 올라왔다. 아이에 대한 질투의 감정도 수시로 찾아왔다. 예전처럼 내 안에서 차오르는 분노와 주체할 수 없는 감정들을 외부로 돌리고 싶었다. 내가 이제껏 해 오던 너무도 익숙한 것들을 더 이상 할 수 없다는 것, 결국 나를 둘러싸고 있던 부정과 불필요한 것들을 떠나보내야 하는 상실감, 변화에 대한 두려움을 받아들여함은 참으로 큰 용기가 필요한 시간들이었다.

2006년에 출간 된 책이지만 아직까지 많은 엄마들에게 바이블로 통하고 있는 〈배려깊은 사랑이 행복한 영재를 만든다〉의 저자이자 나의 스승님, 푸름 아버님이 쓰신 화제의 그 책을 읽어 버렸기 때문에. 나의 의식이 이미 '배려깊은 사랑' 이라는 것을 알아 버렸기에 이전의 무지했던 나로 다시 돌아갈 수가 없는 거였다. 본성이기에 우리는 이미 사랑이기에 모를 때는 줄 수 없었지만 배려깊은 사랑, 조건 없는 사랑의 의미를 내 의식이 알고 있는 한 이전으로 돌아갈 수가 없는 거였다. 8년 이상 같은 길을 걸어 오다보니 그 모든 시간 안에서 발견한 것은 단 하나로의 통합이었다. 보석 같은 가치, 돈으로도 살 수 없는 풍요는 바로 '사랑'이었다. 있는 그대로의 사랑, 조건이 걸린 사랑이 아닌 존재 자체로의 사랑에 대해 나는 이 한권의 책에 담아 여러분들께 전하려고 한다.

아이를 잘 키우고자 하는 마음 이전에 그 보다 나를 훨씬 더 힘들게 했었던 아이의 '존재'. 내 아이의 눈빛조차 보기 어려웠던 나, 그런 내가 살겠다고, 그 알 수 없는 내 심리를 파헤쳐 보겠다고 치열하게 육아라는 시간을 통과해 보니 결국 어떻게 하면 아이를 잘 키울 수 있을까에 대한 해답이 아닌 어떻게 하면 내 모든 욕심과 불필요한 것들을 비워내고 내려놓고 놓아버려야 하는지 그 길을 따라온 거였다. 아이를 있는 그대로 온전하게 사랑할 수 있으려면 당체 내가 어떻게 해야 하나를 늘 고민했다. 학습으로 공부로 성과로 외부로 드러나는 것들 말고 아이의 빛을 온전히 볼 수 있게 되기를 간절히 바랬다.

그럴 수 있으려면 우선 근본적인 생각의 전환이 필요하다. 아이들은 백지로 태어나 그 백지 위에 무언가를 열심히 색색으로 채워야 하는 것이 아닌 어떤 색으로도 모방할 수 없는 아이만의 고유하고 온전한 아름다움, 이미 모든 것을 갖춘 완벽함으로 이 지구별에 왔음을 인정하고 받아들여야 한다.

그 고유한 결을 훼손하지 않고 잘 가꾸려면 그 완전함에 마음으로 눈 뜰 수 있으려면 우선 믿어야 하는 것이다. 누구라도 잘 되지 않을 것이다. 내 아이가 영재이고 천재라고?? 필요한 모든 것을 가지고 완전하게 태어났다고? 라는 생각이 들겠지만 그냥 믿어버리라. 누구도 그리 이야기하지 않기에 믿기 힘들겠지만 그게 진실이다. 믿는 대로 생각하는 대로 말하는 대로 창조된다. 며

칠 전 〈사교육 필요 없는 엄마표 영어〉 강연에 다녀온 후 블로그에 강의 후기를 올린 글에 그날 강연장에 와 주셨던 한 분이 이렇게 댓글을 남겨주셨다.

'그날 강연 잘 들었습니다. 저를 흔드는 것들부터 내려놓으려고 해요. 천천히 아이를 믿으려구요. ♡'

나를 흔드는 것들부터 내려놓는다는 것은 우선 나 스스로에 대한 믿음을 선택한다는 의미다. 나를 믿고 아이를 믿으라. 어떻게 믿나요? 라고 궁금하다면 나는 이렇게 답해 드리겠다.

그냥 믿으세요.

'믿는다'면 그 '선택'에 필요한 모든 것은 우주가 여러분들 앞에 착착 가져다 줄 거라고. HOW?라는 것은 아무리 고민해봐야 알 수 없다. 그냥 믿기로 선택하고 나아가면 된다. 선택은 모든 것을 창조한다.

잭 웰치는 미국의 대표적인 실업가로 1981년 제너럴 일렉트릭(GE)사의 역사상 가장 젊은 회장겸 최고 경영자의 자리에 올랐다. 전설의 경영자로 불리우며 '세계 1, 2위가 아니면 뜯어고치거나 팔거나 그만둔다.'는 생각으로 핵심 사업에 집중하고 회사의 경쟁력을 길렀다. 그 결과 제너럴 일렉트릭사는 무한한 발전가능성을 지닌 회사가 되었다. (GE)4000퍼센트 성장 신화, 세계 기업 역사상 최고액 퇴직금(4500억 원)을 받았던 전 세계 CEO들이 가장 닮고 싶어 하는 CEO. 그는 1999년 미국 경제 신문지 〈포춘〉

에서 20세기 최고의 경영자로 선정되었다. 이후 2000년 〈포춘〉이 선정한 '지난 100년 간 최고의 경영자 1위'에 올랐고, 2001년 영국 〈파이낸셜 타임스〉에서는 '세계에서 가장 존경받는 경영인'으로 선정되었다. 2005년 〈파이낸셜 타임스〉에서 선정한 '가장 영향력 있는 비즈니스 대가'에도 이름을 올렸다. 그가 취임당시부터 이루어낸 업적과 매출, 성과는 일일이 나열하기도 힘들 정도다. 그의 어린 시절과 어머니의 마인드를 보자.

1935년 매사추세츠 주에서 태어난 잭 웰치는 작은 몸집에 늘 말을 심하게 더듬어 친구들에게 놀림을 받았다. 잭 웰치의 어머니 그레이스 웰치(Grace Welch)는 신앙심이 매우 깊었다. 아버지가 출근한 후 매일같이 어머니는 아들의 손을 잡고 예배당을 찾아가 함께 기도하곤 했다. 어머니는 바라는 무엇이든 최선의 노력만 하면 해낼 수 있다는 사실을 아들에게 알려 주었다.

어린 잭은 말을 더듬는다는 이유로 친구들에 놀림을 당할 때면 항상 실망하며 자신감을 잃었지만 어머니는 이런 단점을 장점으로 생각하도록 아들을 독려했다. 잭이 말을 더듬을 때면 "너는 너무 똑똑하기 때문에 그런 거야. 너의 총명한 머리를 혀가 따라가지 못해서 그런거란다." 라고 잭에게 늘 자신감을 심어 주었다. 잭의 어머니 또한 늘 강조했던 말이 "노력하면 뭐든지 할 수 있어."였다. 지금까지 소개한 인물들의 공통점, 어머니의 믿음이다. 청소년기에는 야구, 아이스하기 팀에서 활약하며 운동을 할 때에도 몸집이 작아 눈에 띄었지만 잭은 자신이 작은 줄도 몰랐다고 한다. 그만큼 어머니의 가르침대로 잭은 늘 자신감에 넘쳐 있었다. 훗날 잭 웰치는 "내 인생에서 가장 큰 영향을 준 사람은 바로 나의 어머니였다. 경쟁의 의미와 승리의 기쁨, 그리고 실패를 인정하는 방법을 알려주셨다." 라고 말하며 그의 경영 신념 중 많은 것들을 어머니에게서 배웠다고 고백했다.

자신의 우주, 어머니의 믿음으로 한 아이의 삶이 그렇게 세계적으로 명성을 떨치는 성공한 최고 경영자가 될 수 있었음은 의심할 여지가 없다. 그레이스 여사는 아이의 말더듬을 문제라 여기며 아이를 바라보지 않았다. 기억해야 할 사실은 내가 이 책에서 소개할 명사, 위대한 인물들의 어머니들은 아이들에게 무엇을 가르치느라 애썼던 것이 아니라 아이에 대한 전폭적인 지지와 믿음으로 잠재력과 무한가능성을 아이 스스로 믿을 수 있도록 해주었다는 것이다. 단지 아이의 잠재력, 재능, 본성을 믿고 그것이 잘 발현될 수 있도록 격려하고 믿음으로 아이를 비추었다는 공통점이 있었다.

내가 무언가를 해야만, 최고의 것을 끌어다 아이에게 주어야만 아이에게 좋을 것이라는, 아이가 잘 성장할 것이라는 생각에서 벗어나 아이의 고유함과 완전함에 눈 뜨고 이를 비출 수 있어야한다. 남다르고 총명한 아이만의 빛을 반짝이는, 그런 아이로 성장하게 하고 싶다면 무엇을 해야 하느냐가 아닌 무엇을 얼마나 내려놓고 비워내야 할지 그 고민을 해야 하는 것이다.

세상의 중심은
너야

〈힐러리 클린턴의 어머니 도로시 하월 로댐〉

이번 장에서는 아이에 대한 부모의 온전한 믿음이 어떻게 현실로 창조되고 아이의 잠재력이 발현될 수 있는지에 대해 써내려 가고 있다. 이전에 소개한 벤 카슨 박사, 마이클 펠프스, 그리고 지금 소개할 힐러리 클린턴 여사의 어머니 도로시 하월 로댐 모두 부모가 이혼한 한 부모 가정의 아이들이었다. 이혼을 경험하고 쉽지 않은 고난과 역경 속에서 아이들을 훌륭한 리더로, 세계적인 스포츠스타로, 예술가로 키워낸 어머니들이 많다는 것을 이책의 원고를 준비하면서 알게 되었다. 그리고 그 바탕은 아이에 대한 절대적인 믿음과 지지였다는 점이다.

힐러리 클린턴의 어머니 도로시 하월 로댐, 그녀의 어린 시절에는 온갖 어려움과 역경이 있었다. 로댐 여사는 8세가 되던 해, 부모가 이혼하면서 캘리포니아에 있는 조부모 밑에서 모진 학대를 받으며 생활했다. 그녀는 할머니의 구박을 피해 14세에 주급 3달러짜리 가정부 자리를 얻어 자립했다. 고등학교를 졸업한 뒤 대학을 보내주겠다는 모친의 약속에 따라 시카고로 돌아왔지만 어머니의 약속은 지켜지지 않았고, 로댐은 다시 비서 자리를 얻어 스스로 생계를 꾸려야 했다. 그리고 시카고에서 여행 판촉 일을 하던 힐러리 클린턴의 아버지 휴 로댐을 만나게 된다. 이들은 1942년 결혼해 힐러리와 두 아들 휴, 토니를 낳았다.

무관심한 조부모 밑에서 평탄하지 못한 성장 과정을 겪어야만 했던 도로시는 맏딸인 힐러리만큼은 도전을 두려워하지 않고 자신의 역량을 마음껏 펼치며 살기를 원했다. 자신은 꿈은커녕 자신이 무엇을 원하는지도 모른 채 녹록치 않았던 삶을 그저 살아냈지만 딸아이는 누구보다 큰 그림, 큰 꿈을 가지고 살아가길 원했다. 도로시 여사는 어린 힐러리에게 "사람들은 누구나 반짝이는 별처럼 자신의 빛을 가지고 있으니 별들처럼 당당하게 너만의 빛을 내야한다"고 늘 말해 주었다.

어머니들이 아이에게 어릴 적 늘 들려주었던 '말'과 '믿음'은 성장한 아이의 삶에 고스란히 영향을 미치게 되고 이는 그들 삶의 주요한 업적으로 그대로 이어졌다.

힐러리 클린턴은 대권 도전에 나서게 된 결정적인 계기를 묻는 인터뷰에서 "개인적으로는 어머니 때문이다. 어머니는 대학에 갈 수도 없었고 힘든 어린 시절을 보내셨지만, 내가 결심한 것은 무엇이든 할 수 있다는 신념을 나에게 주셨다."고 말했다. 어머니는 어린 힐러리에게 아동 학대나 남녀불평등에 대한 이야기를 많이 해 주었다. 큰 꿈을 그리고 도전을 두려워하지 않는 당당한 사람이 되라는 어머니의 메시지는 힐러리에게 신념으로 각인되었다.

수많은 인터뷰에서 힐러리 클린턴은 늘 "지금의 자신이 있기까지 가장 큰 영향을 미친 사람은 어머니다." 라고 말하곤 했다. 어머니의 믿음과 신념은 아이들의 무의식에 고스란히 전달된다. 이 믿음은 힐러리의 자신감, 변화를 두려워하지 않는 도전 정신과 열정으로 이어질 수 있는 초석이 된 것이다. 도로시는 수평과 기울기를 조사하는데 쓰는 기구 수준기를 힐러리에게 보여주며 "네가 이 안에 있다고 생각하고 기포가 늘 중앙에 머물게 할 수 있도록 노력해야 해." 라고 말해 주었다. 이 가르침은 그녀가 처한 어떤 위기와 어려움 앞에서도 평정심을 유지할 수 있었던 비결이 아닐까.

힐러리 클린턴의 어머니 도로시 여사처럼 말로만이 아닌 아이에 대한 온전한 믿음, 네가 원한다면 어떤 것이든 될 수 있어 라고 말할 수 있는 그 믿음은 어디에서 오는 것일까? 그리고 왜 우리는 아이들을 그리도 믿기 어려운 것일까?

엄마들이 스스로를 바라보는 시선 그 시선으로 아이를 바라보기에 불안하고 두렵다. 〈사교육 필요 없는 엄마표 영어〉 강의가 끝나면 많은 질문을 하시는데 한 어머니가 나에게 이렇게 물었다. "강사님은 아이가 중학생인데 불안하지 않으세요?" 라고.

나는 불안하지 않다. 오히려 아이들이 커 갈수록 내 신념은 더욱 명확해지고 아이들에 대한 믿음 또한 두터워진다. 내가 말하는 '믿음'은 '믿으면 잘 해낼거야.'라는 식의 성과에 대한 믿음이 아니다. 아이들 안에 있는 신성, 그들만의 결이 다른 고유한 힘을 믿는다. 성장할수록 아이들만의 고유함이 점점 선명하게 드러남을 관망하듯 바라볼 수 있는 내 마음의 시선에 감사하다. 우리는 대부분 깨어 있지 못한 채 일상이 매순간 흘러가고 아이는 성장한다. 그리고 그 시간 안에서 우리가 가졌던 믿음대로, 뿌렸던 씨앗들이 쓰든 달든 열매를 맺는 시기가 오기 마련이다. 바로 그 시기가 청소년기다. 아이들은 고학년이 지나면서부터 스펙터클하게 변하기 시작한다. 그만큼 빠르게 성장하고 성숙한다는 이야기다. 아이다움으로, 그 아이만의 색과 느낌이 강하게 드러나는 것을 요즘 중학생인 첫 아이, 하윤이를 보면서 매일 매 순간 느낀다.

오래전엔 나 역시 그 어머니처럼 참 많이 불안했었고 일상의 매 순간이 두려움이었다. 나와 아이의 삶은 사교육을 모두 끊고서 외부적인 것들이 아닌 아이와 엄마인 나 자신에 온전히 집중하기 시작하면서 아주 서서히 변하기 시작했다. 그리고 7~8여 년이 흐른 지금은 이전과 극적으로 다른 삶을 살고 있다.

강박, 통제, 불안 등으로 하루하루 일상 자체가 힘겨워 아침에 눈을 뜨고 싶지 않을 정도였던 시기가 있었다. 유아기적부터 몸으로 각인된 뿌리 깊은 외로움에 아이들과 함께 있으면 이유 없이 눈물을 흘리곤 했다. 이렇게는 살 수 없다고 치유하고 성장하고 싶다고 몸부림치던 시간이 수년이었다. 그리고 지금은 그리도 가보고 싶던 저 너머에 어쩌다 보니 나는 와 있다.

죄책감, 수치심으로 육아라는 시간을 물들이며 보내던 내가 이제는 책 두 권을 출간하고 전국으로 강연을 다니며 유튜브 채널을 통해 많은 사람들에게 그 간 가슴으로 깨달은 메시지를 전하고 있다. 나의 세 번째 저서인 이 책은 내가 지내 온 시간들 속에서 깨달은 메시지를 머리가 아닌 가슴으로 여러분들께 나누고 전하고자 하는 목적이 될 것 같다. 그 이야기를 이 책을 통해 나누려고 한다.

아이들의 부모인 우리 또한 어린 시절이 있었고, 우리들 부모님의 가치관, 신념, 생각하는 방식대로 무언의 교육을 받아왔다. 나의 영, 유아기 때는 어땠는지 청소년기에는 어떤 경험을 하고, 어떤 생각을 하며 살아왔는지 우리는 성인이 되어 결혼을 하게 될 때까지 대부분의 기억을 의식에서 잊고 살아간다.

너무 어리고 연약했기에 부모님이 세상이 주는 대로 받을 수밖에 없던 상처, 그 감정과 감각이 모두 무의식으로 각인되어 몸 안에 저장되어 있는데도 말이다. 자신의 정리되지 않은 과거, 엄마들의 상처, 이런 내면의 심리적인 부분을 알아차리고 이해하지 못한 부모는 대부분 우리 부모님들과 마찬가지로 자신의 신념, 과거의 경험으로 인한 믿음, 인식들을 아이들에게 주입시키고 투영할 가능성이 크다. 흔히들 이야기하는 대물림이다. 이는 아이의 고유함, 특별함이 발현되지 못하도록 방해하는 가장 큰 걸림돌이 된다. 그 아이만의, 자신의 별이 될 수 없는 것이다.

이 세상에 숨 쉬고 존재하는 모든 사람들은 누구나 선한 본성, 사랑이다. 사랑? 왜 자꾸 사랑 타령이지? 라고 생각할지 모르겠다.

우리 아이들이 사랑으로 영적인 존재로 이 세상에 왔듯이 나 또한 그렇게 이 세상에 왔고, 우리의 부모님 또한 사랑으로 이 우주에 존재한다는 것을 가슴으로 내리고 이해했을 때 삶은 이전과는 전혀 다르게 흘러간다. 우리는 누구나 선한 본성, 고유함을 지니고 있으며, 사랑으로 존재하지만 단지 살아오면서, 살아가면서 그 진실을 서서히 잃어버렸을 뿐이다.

아이는 아무것도 모르는 상태, 그래서 가르치고 길들여야만 하는 그런 존재가 아니다. 아이들이 이 세상에 와서 성장하며 필요한 모든 것, 그 힘은 아이 안에 이미 가지고 있다는 믿음 그것이 온전한 믿음이다. 부모의 절대적인 신뢰와 믿음으로 자라지 못했기에 우리는 스스로에 대한 믿음이 없고 그렇기에 아이들을 사랑으로 비출 수 없는 것이다.

기대나 통제, 부담이 아닌 순수한 믿음으로 아이를 비출 수 있을 때 아이의 선함, 유일무이한 자신의 고유함을 발현할 수 있다. 사심 가득함으로 아이를 통제하고 두려움으로 아이를 대하고 있는지 엄마가 자신이 가진 힘과 능력을 믿고 있는지 아이들은 잘 알고 있다. 남들이, 사회가, 통념이 만들어 놓은 기준에 지나치게 아이를 맞추려하거나 아이의 다름을 인정하지 못하고 전전긍긍하는 엄마의 에너지를 아이들은 모두 간파한다. 타인의 시선과 평가에 나의 가치를 내 맡기거나 아이의 귀한 고유성을 잃게 해서는 안 된다.

어떤 상황에서도, 자신의 처지와 관계없이 아이를 당당하고 특별한 빛으로 키울 수 있다. 이것은 아이의 어떠함이 아닌 부모의 믿음과 신뢰의 문제다. 설령 아이에게 지금 어떤 문제가 있다고 하더라도 아이를 바라보는 시선, 마인드, 엄마의 의식이 달라지면 다른 에너지를 줄 수 있다.

사랑의 또 다른 이름 존중과 지지

자율에서 싹트는
아이의 호기심
〈제프 베조스 어머니 재클린 자이스〉

얼마 전 강의를 앞두고 있던 날 저녁, 강의 자료를 정리하다가 〈작가님 안녕하세요?〉라는 제목의 메일이 와 있는 걸 확인했다. 메일 내용은 이렇게 시작되었다.

〈오지민 작가님 안녕하세요? 저는 강의로 작가님을 먼저 뵙고 감동을 받고 그 후 작가님의 말씀대로 열심히 살아가는 열혈 독자입니다. 처음 작가님 강연을 들은 날 충격이 아직 기억나요. 사실 영어책 소개해주실 줄 알고 갔다가 집에 와서 펑펑 울었어요. 전 큰 아이를 키우면서 상처를 많이 주고받았답니다. 당시엔 제가 결혼이란 것과 맞지 않는 엄마라 생각되었어요. 감정 컨트롤도 안 되면서 애를 낳아 키운다는 게 죄책감과 함께 아이가 너무 버겁게 느

껴졌어요.〉

　감사한 이 분의 메일에는 결혼을 하고 출산을 한 이후 육아라는 시간을 보내면서 겪게 된 남편에 대한 원망, 부모에 대한 분노, 그리고 자신이 싫어져서 어떻게 하면 도망을 칠까? 라는 생각으로 점철된 일상을 살았다는 내용의 글이 담겨 있었다. 아이 앞에서 화내고 소리치는 건 예사였지만 밖에 나가서는 전혀 다른 사람처럼 행동하는 자신에 대한 자괴감으로 힘드셨다고 했다. 그렇게 일상을 지내다 내 강연을 듣고는 내 저서, 그리고 내가 소개해 드린 책들을 찾아 읽고, 유튜브 영상을 보시며 도움을 받고 있다고 하셨다. 이 분의 진심어린 글 안에 아주 중요한 메시지가 있다.

"전 제가 영어도 할 줄 알고, 공부방법도 잘 아는 사람이었지만 아이를 사랑하는데 아무런 도움이 안 되었거든요." ㅠㅠ

　영어를 잘 하는 엄마, 일류대학을 졸업한 부모들이 얼마나 많겠는가?

　나는 오래전부터 강의를 하고 다니던 스타강사도 아니고 두 번째 저서 〈엄마표 힐링육아 독서처방전〉이라는 책을 출간한 이후 재작년 7월부터 강연을 하기 시작한 고작 1년여 경험의 강사다. 나라는 작가를 아는 사람보다 나라는 존재를 모르는 이들이 훨씬 많다. 그럼에도 불구하고 내가 강연을 다니는 목적은 바로 이

것이다. 배려깊은 사랑, 조건 없는 사랑에 대해 이야기할 때 내가 전하는 메시지가 엄마들의 본성에 깊게 닿고 있구나 라는 생각을 할 때마다 얼마나 가슴이 뜨거워지는지 모른다. 왜 눈물이 나는지 어떻게 가슴이 움직이는지, 의식이 앞서가면 가슴이 따라 움직인다는 것을, 가슴이 움직이면 의식은 절로 높아진다는 것을 알고 있기에 젊고 예쁜 그 엄마들의 가슴에, 그들의 의식에 따뜻한 사랑을 일깨워 주는 것 그게 바로 내가 강연을 다니며 많은 엄마들을 만나는 이유다.

작년 초 저녁 뉴스를 보다가 미국 최대 전자상거래 기업 아마존(Amazon)이 운영하는 세계 최초의 무인 슈퍼마켓 '아마존 고'가 일반인에게 개방되었다는 기사를 들었다. 이 매장을 이용하기 위해서는 아마존 회원 가입을 하고 스마트폰에 앱을 다운 받아야 하며 매장에 들어가기 전 앱을 열고 QR코드를 출입문에 대야 한다고 했다. 사고 싶은 상품을 들면 천장에 달린 카메라와 센서들이 고객이 어떤 상품을 선택했는지 자동 감지하고 앱에 연결된 신용카드로 비용을 청구한다는 방식이다.

영상을 보면서 이제 사람들의 일자리가 점점 사라지게 되고 우리 아이들이 살아갈 미래는 상상치도 못한 세상에 놓이게 되겠구나 라는 생각을 했다. 그리고 이런 혁신적인 시도, 세계 '최초'의 무인 매장이 아마존이라는 것에 주목했다. 뉴스 기사를 들으며 과연 효과적일까? 번거롭지 않나? (물론 나는 세상 돌아가는 물정을 제대로 모르는 한국의 한 아줌마다)라는 생각을 했지만 이런 발상을 하고 첫 시도를 감행한 회사는 어쨌든 미국의 '아마존'이었다.

아마존은 2018년 1월에 본사가 있는 시애틀을 시작으로 현재는 지난 5월 맨하튼에 11번째 매장을 조용히 오픈했다. 작년 10월 블룸버그의 보도에 따르면 2021년까지 무인 편의점 '아마존 고(Amazon GO)' 매장 3000곳을 출점하는 방안을 검토 중이라고 했다. 매장 수 3000개는 현재 미국 편의점 업계 3위인 '스피드웨이'가 보유한 매장 수보다 많은 수라고 한다. 저런 매장이 과연 될까? 효과 있을까? 라고 생각했던 나의 생각과 달리 아마존 고는 순식간에 시애틀, 시카고, 뉴욕 등의 주요 도시에 11개 매장이 퍼져 있었다.

정기적으로 억만장자들의 개인 자산에 대한 평가와 발표를 하고 있는 포브스(Forbes)는 2019년 7월, 세계 최고 부자 명단을 공개했다. 2019년 세계최고 부자 1위는 지난해에 이어 아마존CEO 제프 베조스가 2년 연속 1위를 차지했다. 그는 1,648억 달러(약 194조 2,168억 원)로 추산되는 재산을 보유하고 있다. 지난 3월의 포브스 발표에 2위를 차지했던 빌 게이츠는(2019년 7월 발표에 빌 게이츠는 루이비통을 소유한 프랑스 LVMH그룹의 회장 베르나르 아르노에게 2위 자리를 뺏기고 3위로 밀려났다.) 작년 제프 베조스가 1위 자리를 갈아치우기 전 10년 정도 1위 자리에 머물렀다고 한다. 10년 여간 1위 자리에 있던 빌 게이츠를 뛰어넘는 부와 경제력, 미래를 내다보는 힘, 장기적 사고와 비전은 어디에서 나온 것일까?

아마존 닷컴을 모르는 사람은 없을 테지만 아마존은 세계에서 가장 규모가 큰 인터넷 서점이자 미국의 인터넷 종합쇼핑몰이다. 나도 하윤이 4살 즈음 외국 브랜드 자전거를 아마존 사이트에서 직접 구매했었고 우리나라에서 구할 수 없는 영어DVD나 장난감을 아마존 사이트에서 직접 주문하곤 한다. 한국의 나 같은 아줌마도 물건을 구하다 구매대행 비용이 너무 비싸거나 한국에서 구하기 힘든 제품을 직거래하게 되는 아마존 닷컴, 아마존의 회장 제프 베조스의 어린 시절을 조사하면서 정말 놀라웠다. 원고를 쓰기 위해 인물과 그들의 어린 시절, 활동 등을 조사하는데 크게 놀랐던 몇 인물들 중의 하나다. 아마존을 탄생시킨 설립자이며 CEO 제프 베조스와 그의 어린 시절, 그리고 그의 어머니에 대해 알아보자.

제프 베조스는 1964년 미국 남서부에 있는 뉴멕시코(New Mexico) 앨버쿼키(Albuquerque)에서 태어났다. 당시 그의 어머니 재클린 베조스(Jacklyn Bezos)는 17세의 고등학생이었는데 어린 나이에 시작한 결혼 생활은 2년이 채 되지 않았을 때 이혼으로 끝이 난다. 이후 재클린은 쿠바계 이민자인 미구엘 베조스(Miguel

Bezos)와 재혼하여 미구엘은 제프의 새아버지가 되는데 베조스 라는 성은 그에게서 온 것이다. 미구엘 베조스는 부지런한 성품과 노력으로 훗날 석유기업인 엑손(EXXON) 경영진까지 오르게 된다. 새아버지 미구엘은 제프 베조스의 롤 모델이 되었고 제프 베조스가 아마존을 설립할 때 그 첫 투자자가 된다. 이후로도 미구엘은 아들의 사업에 많은 영향을 끼치게 되고 제프 베조스 회장은 여러 인터뷰에서 자신의 새아버지에 대한 존경과 애정을 여러 번 표현했다.

그는 1988년 금융회사인 뱅커스 트러스트에 입사해 최연소 부사장이 된다. 30세에는 뉴욕 월가의 투자회사인 D.E Shaw로 옮기고 그곳에서 제프 베조스는 펀드매니저이자 최연소 부사장으로 연봉 100만 달러의 주인공이 된다. 그의 앞길은 그야말로 탄탄대로였지만 그의 삶은 한 기사를 접하게 되면서 완전히 다른 길로 들어서게 된다. 기사는 '앞으로 매년 인터넷 이용자는 23배씩 급증할 것이다'라는 내용이었다. 이 기하급수적으로 증가하는 인터넷 사용자를 상대로 '무엇인가'를 하는 것은 어떨까? 라고 생각했다. 제프 베조스는 실행에 옮기기로 결심한다. 전자상거래 시장의 잠재력을 실험해 보기로 하고 사직서를 제출한 것이다. 확실한 성공이 보장되어 있는 월가를 떠난다고 하는 제프 베조스에게 사장은 몇 년 후 천문학적인 숫자의 스톡옵션이 보장되어있다고 그를 말렸지만 그의 생각은 너무도 확고했다. 그리고 1994

년 아내와 함께 월가를 떠나 시애틀로 갔다. 그는 치밀한 분석으로 인터넷상으로 가장 많이 판매할 수 있는 제품이 '책'이라는 사실을 발견했다. 그리고 아버지와 친척들 등 22명의 투자자들에게 5만 달러씩 투자 받아 창업자금을 마련한 베조스는 애플의 스티브 잡스, 구글의 세르게이 브린과 같이 작은 실내 주차장을 월세 내어 아마존 닷컴을 창업했다. 직원은 몇 명에 불과했고 모든 소포들은 제프 베조스가 직접 자신의 차를 몰고 우체국으로 운반했다. 세계 최대 규모의 서점 아마존은 이렇게 탄생하게 되었고 세상의 모든 것을 파는 독보적인 기업, 지구상에서 가장 공격적인 회사로 성장하게 된 것이다.

베조스는 외할아버지였던 로렌스 프레스톤 지세를 존경한다고 여러 인터뷰에서 말했다. 어렸을 때부터 할아버지의 영향으로 스스로 문제를 해결하고 역경을 극복하는 방법을 배웠다. 어린 베조스가 호기심에 망치와 칼 같은 위험한 물건을 가지고 놀 때, "위험해. 내려놔!"라는 말 대신 안전하게 사용하는 방법을 가르쳐주었고 베조스는 자신의 자녀 교육철학은 할아버지의 교육에서 많은 가르침과 영향을 받았다고 말한다. 베조스는 어렸을 때부터 기계가 어떻게 작동하고 망가졌을 경우에는 어떻게 고쳐야 하는지 파악하는데 굉장히 몰두를 했다. 호기심 충만한 이 소년은 어렸을 때부터 우주 기업가가 되겠다는 꿈을 꾸었고, 고등학교 졸업식 때 학생대표로 졸업소감을 발표하면서 친구들에게 반드시 우주관광을 할 수 있는 기업을 만들겠다고 공언하기도 했는데 놀랍게도 베조스는 현재 우주탐험 업체인 '블루 오리진'(Blue Origin)의 오너가 되어 있다.

제프 베조스는 세 살 때 어머니에게 큰 침대에서 자고 싶다고 여러 번 졸랐다. 좀 더 크면 그렇게 하자고 어머니는 제프에게 설명하고 달랬다고 한다. 다음날 어린 제프는 드라이버를 가져와 침대를 분리하고 있었는데 어머니는 이를 보고 꾸짖지 않았고 열심인 아기 제프 옆에 앉아 같이 도왔다. 중학교 때는 각종 기계장치를 개발하기도 했고, 부엌 찬장의 손잡이를 모두 묶어 하나의 문이 열리면 모든 문이 열리게 만들기도 했다. "집에서 내 별명이 무질서 대장이었는데 무슨 일을 원하든 허용해주기 때문이죠." 라고 제프 베조스는 말했다.

다음은 제프 베조스 어머니의 말이다.
"나는 이 작은 생명체들이 어떤 존재인지 장차 무엇을 할지 너무나 궁금했어요. 제 각각이었던 세 아이의 관심사를 신경 썼고 아이들이 하는 대로 지켜보았어요. 아이들이 즐거운 일에 몰두하게 두는 일이 내 책임이라고 느꼈어요."

▶ 제각각이던 아이들의 관심사를 신경 썼다.
▶ 아이들이 하는 대로 지켜보았다.
▶ 아이들이 즐거워하는 일에 몰두하게 두는 일이 부모의 책임이다.

내가 저서 〈엄마표 영어학습법〉, 〈엄마표 힐링육아 독서처방전〉에 한결같이 적었던, 그리고 〈사교육 필요없는 엄마표 영어〉, 〈엄마의 자존감을 되찾는 힐링육아〉 두 주제의 강연에서 이야기하는 핵심 메시지, 같은 내용이다. 아이를 가르치고 이끄는 교육이 아닌 아이를 따라가는 교육.

〈사교육으로 시작한 주입식 교육 & 아이의 관심사를 따라가는 흘러가는 교육〉 이라는 PPT자료의 시트가 실제 내 강연에 등장한다. 이렇게 가르칠까 저것을 가르쳐볼까 고민할 것이 아니라 어떻게 하면 아이의 관심사를 그리고 그에 따른 몰입을 지켜봐 줄 수 있느냐를 고민해야 하는 것이다. 비어 있는 시간이 많지 않다면, 자율적인 시간이 충분히 주어지지 않는다면 아이의 관심사조차 알아내기 힘든 법이다. 학원에 이런저런 수업, 숙제에 정신없이 치인 아이가 어떤 에너지로 다른 몰입이 이어질 수 있겠는가?

그리고 제프 베조스는 인터뷰에서 어머니는 자신이 무슨 일을 원하든 허용해주었다고 했다. 내가 무엇을 원하든 무슨 짓을 하든 받아들여진다는 안정감을 느끼기에 무질서 대장노릇을 할 수 있는 것 아니겠는가?

나는 아주 오래전부터 아이를 잘 키울 수 있다면 영혼이라도 팔 수 있겠다는 생각을 할 만큼 어떻게 하면 아이를 훌륭하게 키울 수 있을까를 고민했었다. 존경하는 분들의 강연을 찾아다녔고 주변 엄마들과는 만남을 최대한 자제하려고 노력했다. 순차적으로 밟아야 하는 듯한 일관된 주입식 교육에 아이 입학 전부터 의문을 갖기 시작했는데 엄마들을 만나면 '해야만 한다'에 갖혀 다른 어떤 것을 보지 못하는 것 같았다. 항상 두려움과 불안이 조장되는 느낌이 들어 되도록 그런 자리는 갖지 않았다. 유리멘탈인 내가 엄마들과 어울리다보면 자꾸 나 스스로에게 상처 입히고, 아이를 비교에 놓게 되는 일이 많아졌다. 만남 이후에도 에너지를 많이 뺏긴다는 생각이 들어 나 자신을 위해 그렇게 했다.

불안한 만큼 미친 듯이 명사들의 어머니 그들의 교육법을 찾아보았고 도움 되는 다큐를 찾아 봤다. 내가 존경하는 분들의 자녀, 그리고 훌륭하게 성장한 명사들의 어머니, 그 분들의 교육관과 메시지는 주변 엄마들이 흔히 하고 있는 교육방식과는 달라도 너무 달랐다. 그 분들의 교육법을 최대한 따라하려고, 닮아가려고 노력했던 시간이 벌써 8년여가 흘렀다. 그 시간동안 점차 나의 육아관, 교육방식에 대한 신념과 확신은 더욱 명확해 졌다. 이 책의 원고를 준비하면서 내가 조사했던 모든 내용은 놀랍게도 내가 오랫동안 추구해오고 닮아가고자 노력했던 교육 방식이었다. 흔들릴 이유도 없고 불안은 이미 오래 전 내 신념에 묻혀 버렸다.

아이가 원하는 것을 마음껏 하게 둘 수 있는 대범함, 부모의 관심과 지지 안에서 그만의 특별함이 싹트고 발현되어 혁신적인 기업의 한 CEO로 자라난 한 아이의 스토리를 꼭 기억하기 바란다.

무언가를 해야 하는 것이 아닌 무언가를 하지 않으면 왜 이리도 불안할까? 왜 나는 아이들이 하는 대로 지켜볼 수 없는가? 내가 아이의 힘을 온전히 믿을 수 있으려면 어떤 것을 놓아버려야 하는가를 고민하며 아이 안에 이미 의연하게 있는 재능과 힘이 잘 발현될 수 있도록 지켜봐 주고 도와주는 일이 우리가 해야 할 일이다.

'다름'이 두려운
엄마들
〈스티븐 스필버그 어머니 리아 아들러〉

작년 12월 〈힐링육아〉 강연이 끝난 후 한 분이 사교육에 관한 질문을 하셨다. "아이가 7세이고 몇 개월 후, 초등학교 입학을 앞두고 있어요. 몇 가지 사교육을 가르치고 있는데 주변 엄마들은 아이가 초등학교 입학하면 바빠지고 이것저것 배우려면 시간도 없으니 영어도 미리 가르치라며 사교육을 얼른 알아보라고 하더라고요."

나는 이렇게 답해드렸다.

"어머니 그들이 이야기하는 것과 반대로 하시면 되요."

극단적인 표현 같지만 사실 그렇다. 내가 여러분들에게 드리는 메시지는 '사교육을 하지 마십시오. 필요 없습니다.' 가 아니다.

많은 엄마들이 학업 성적에 연연하며 가르치는 것에 급급한 이유는 주변에서 다들 그렇게 하기 때문이다. 그 이상의 가치에 대해 말하는 사람을 찾아보기 힘든 것이다. 교육의 본질은 배려, 존재에 대한 조건 없는 사랑이다.

아이가 학원을 다니고 싶어 하거나 배우고 싶다고 표현하는 무엇이든 나는 들어주라고 말씀드린다. 단지 아이가 그만두고 싶다고 이야기한다면 얼마든지 아이가 원하는 대로 들어주라는 말씀 또한 같이 드린다. 아이들이 원하는 것과, 그렇지 않은 것은 반드시 이유가 있다는 걸 경험으로 알고 있기 때문이다.

그 어머니에게 아이가 7세라면 충분히 놀 시간과 비어있는 시간이 필요하다고 말씀드렸다. 아이가 초등학교에 입학을 하면 놀라울 정도로 피곤해 한다. 아이들도 새로운 환경에 적응해야 한다. 세상 속에 섞여 살아가는 방식을 배울 때가 된 것이다. 어린이집, 유치원과는 너무도 다른 환경, 학교 교실이라는 공간 안에서 책상이라는 자리에 앉아 하루 수업시간이 끝날 때까지 앉아있어야 하는 것만으로도 아이들은 힘들어 할 수 있다. 이런저런 낯선 환경과 아이들, 수업에 적응해 내는 일이 쉽지만은 않을 터다. 그 작은 발로 학교와 집을 오간다. 아이의 입장은 생각지도 않고 그저 어떻게 아이들에게 지식적인 것을 주입시키고 기능을 익히게 할까 하는 마음만 앞서는 것 같다. 남다른 아이로 키우고 싶은 마음은 굴뚝같지만 남들과 다른 길을 간다는 것은 너무도 두렵다. 내 아이가 다른 아이들과 다름 또한 인정할 수 없다. 아이들이 자신만의 삶을 살 수 없도록 다른 누군가가 되도록 사회와 통념이 정해 놓은 기준에 맞도록 그렇게 성장하게 하는 것과 같다.

'다름'을 받아들이는 것은 곧 나의 '고유함'을 인정하는 것이다. 아이가 진정한 자기 자신을 잃어버리지 않고 살아가도록 도와줄 수 있으려면 무엇에 초점을 맞추어야 할까?

〈쉰들러 리스트〉와 〈라이언 일병 구하기〉로 아카데미 감독상을 받았고 〈백 투 더 퓨처〉, 〈후크〉, 〈주라기 공원〉, 〈맨인블랙〉, 〈A. I〉, 〈마이너리티 리포트〉 등 셀 수도 없는 흥행영화를 탄생시킨 스티븐 스필버그 감독.

2018년 〈레디 플레이어 원〉의 흥행으로 지금껏 감독한 영화들의 박스오피스 총수익이 100억 달러(한화로 약 11조원)를 넘긴 최초의 영화감독이 되었다. 헐리우드를 대표하는 영화 제작자로서 그가 일군 업적과 성과는 일일이 나열하기도 힘들 정도다. 풍부한 상상력과 현실을 뛰어넘어 미래를 내다보는 그의 아이디어는 어디서 나온 것일까?

스필버그는 학교에서 '지진아'로 통했다. 공부도 못하고 유대인이라는 이유로 늘 괴롭힘과 따돌림을 당해 열등감으로 힘들어했다. 스필버그는 공부뿐 아니라 독서를 아주 싫어하는 소년이었다. 그의 아버지는 수학에 낙제하지 않도록 억지로 공부를 시키셨지만 스필버그는 어릴 때부터 오직 영화에만 몰두했다. 그는 이렇게 말했다. "나는 진절머리가 날 정도로 수학이 싫었다. 나는 열두 살인가 열세 살 때부터 영화감독이 되겠다고 생각했다. 그런데 과학이나 수학 혹은 외국어 따위가 영화를 제작하는데 도움이 될 것 같지 않았다. 숙제 때문에라도 학교에 가기 싫었다. 나는 책보다 TV를 더 좋아했다. 나 자신 역시 TV 중독증에 걸린 아이젠하워 세대의 한 소년이었다고 생각한다."

그는 공부도 운동도 못했고 특히 유대인이라는 이유로 또래에게 놀림과 따돌림을 무척 많이 받았다. 스필버그의 어머니는 공부에 별 관심이 없는 아이에게 공부를 강요하지 않았고 학교에 가기 싫어 자주 꾀병을 부리는 아들을 보며 "아무래도 안 되겠어. 오늘은 학교에 가지 말고 쉬도록 해라."라고 말했다. 스티븐의 여동생은 "어머니는 오빠가 하고 싶은 대로 하도록 내버려 두었는데 그런 식으로 오빠의 독창성을 살리는 길로 이끌어 주셨고 덕분에 우리들도 자유분방하게 자랄 수 있었다."고 말했다. 학교에 가지 않고 영화를 만든다며 카메라만 들고 다니는 아들을 보며 어머니는 나무라지 않았고 아이의 영화에 대한 애정을 존중해 주었다. "나는 네가 남들과 같은 사람이 되기를 원치 않는다. 네가 원하는 일을 하고 잘 할 수 있는 일을 하면 그걸로 충분하다." 라고 늘 이야기해 주었다.

아, 이런 어머니라니…… 요즘 시대 우리 주변에서는 좀처럼 찾아보기 힘든 그런 어머니상이다. 내가 글로 나열했지만 존경스럽기도 하고 과연 이런 육아방식과 교육관을 지닐 수 있으려면 어느 정도의 경지에 이르러야 하는 것일까? 하는 의문이 들기도 한다. 또 한편으로는 바로 이것이 내가 이 책을 쓰고 있는 근본적인 이유가 되기도 할 것이다.

SBS스페셜 〈미국을 이끄는 유대인의 힘〉이라는 방송에는 스티븐 스필버그의 어머니가 직접 출연해 스티븐의 어린 시절과 교육방식을 말하는 인터뷰가 나온다. "내 어머니는 그 아이를 정말 사랑하셨습니다. 스티븐도 많이 따랐지요. 어머니는 이런 말씀을 하셨습니다. 내 말을 잘 새겨둬라. 이 아이는 전 세계에 이름을 떨칠 아이다."

스티븐 스필버그의 어머니 리아 아들러는 신시내티의 가난한 가정에서 태어나고 자랐다. 물질적으로는 풍요롭지 못했지만 그녀는 부모님에게 많은 사랑을 받으며 성장했다. 그녀는 이렇게 말한다. "내 부모님은 우리를 키울 때 정신적으로 예술적으로 자유롭게 자라도록 도와줬어요. 나는 그저 내가 키워진 대로 스티븐을 키웠을 뿐입니다."

스티븐의 할머니가 이 아이는 세계에 이름을 떨칠 것이라고 믿었던 '아이를 바라보는 시선'에 집중하기 바란다. 또래 아이들과는 다른 유별난 아이를 지켜보면서 상상력이 뛰어나다고 믿었고,

아이의 기질과 특성을 단점으로 바라보지 않았다. 오히려 아이의 몰입을 존중하고 이를 길러주려고 노력했다. 학습이나 독서 등 학업성적 위주의 교육이 아닌 아이의 호기심, 상상력에 관심을 기울이고 날개를 달아준 셈이다.

어린 스필버그는 두려움도 남달랐다. 스필버그는 늘 엉뚱한 상상을 했고 그러다보니 모든 것을 두려워했다고 그의 어머니는 말한다. 〈상상력과 두려움〉 이 부분도 한번 생각해 보자.

아이들은 자신의 두뇌에서 펼쳐지는 상상과 현실을 명확하게 구분할 수 없기에 두려워한다. 내가 둘째인 찬유 또래의 나이였을 때 TV화면에 나온 가수 윤복희 씨의 얼굴을 볼 때마다 정말 무서웠다. 노래를 부르면서 얼굴을 찡그리고 일그러트리는 모습을 볼 때 화면에서 그 분이 갑자기 튀어나와 내 목덜미를 잡을 것만 같았다. 이미 그 화면을 보고 난 후엔 누가 날 좀 어떻게 해 주었으면 할 정도로 끔찍이 무서워했다. 누구나 이런 기억이 있을 것이다. 아이들은 늘 엉뚱한 생각을 하고 호기심 가득한 상상력 천재들이다.

3학년인 둘째 아이 찬유는 아직 화장실을 혼자 가지 못한다. 큰 아이 하윤이가 3학년 때까지 대변을 보고 닦아달라고 늘 나를 부르곤 했었는데 당시에 나는 이 부분을 이해하지 못했다. 한 육아 강연장에서 아이가 화장실 갈 때마다 나를 부르곤 한다며 강사님에게 여쭤보기도 했었다. 지금은 무서워서 혼자 화장실을 가지 못하는 아들을 보며 왜 10살이나 되었는데 화장실을 혼자 못가지? 도대체 뭐를 무서워하는 거지? 라는 생각은 하지 않는다. 무엇이든 아이들은 나름의 이유가 있다는 것을 경험으로 알기 때문이다.

아이는 3학년인 지금까지도 색 블록을 가지고 상상놀이를 즐긴다. 서너 살 때부터 가지고 놀던 작은 정사각형 색 블록. 한 때는 남편이랑 "과연 찬유는 언제까지 이 색 블록을 가지고 놀까?" 라고 이야기를 나눴던 적이 있다. 색 블록, 몰펀 이 두 가지를 가지고 아이는 어떤 것이든 만든다. 초록색과 보라색 블록을 끼워 맞춘 블록이 헐크가 되기도 하고 노랑, 빨강, 파랑, 초록 몰펀이 장난감 또봇이 되기도 한다. 아이는 어릴 때부터 〈또봇〉 만화를 봐도 영상을 시청하는 것에서 그치는 것이 아니라 반드시 블록이나 몰펀을 이용해 원하는 조립을 하고 그걸 가지고 상상놀이를 했었다.

아이가 네 살, 다섯 살 무렵 영어 아웃풋을 쏟아내며 상상놀이를 했던 시기가 바로 이때였다. 무슨 말을 영어로 하는지 그리고 무슨 놀이를 하는 건지 물어보지 않았다. 그저 상상놀이를 즐기고 있구나 하고 생각했었다. 지금은 그 무렵처럼 영어를 말하면서 놀지는 않지만 그때 시작했던 상상놀이는 아직까지 이어지고 있다. 아이는 또래 아이들과는 어릴 때부터 조금 달랐다. 기관을 어린 연령부터 다니기 시작한 또래 친구들과는 다르게 모든 것이 느렸다. 특히 학습적인 부분을 받아들이는 속도가 누나에 비해 많이 느리고 더디다고 생각했었다. 한글에는 도통 관심이 없던 아이, 유난히 셈에 관련해도 받아들이는 속도가 더뎠던 아이지만 나는 그 아이의 남다른 상상력과 창의력을 믿는다.

아이가 초등학교 입학을 앞두고 있을 때 나도 두려웠다. 학교 선생님에게 아이에 대한 판단 받을 것에 대한 두려움, 남들의 시선에 대한 두려움이 실로 엄청났다. 그럼에도 그 두려움을 조금씩 놓아버리고 학습적인 부분이나 선생님, 남 시선에 점점 자유로워 질 수 있었던 것은 리아 아들러 여사와 같은 이런 분들에게 항상 초점을 맞추고 있었기 때문이라 생각한다. 두려움에 아이를 더 열심히 가르치고 일반적인 방식으로 아이를 길들이려 하기보다 내 안에 있는 두려움을 자각하고 그 두려움에서 자유로워지고 싶었다. 닮고 싶은, 존경하는 분들의 어머니 그들의 흔하지 않은 사고와 남다른 교육관을 쉽지 않지만 흉내라도 내 보고 싶었다.

아이의 빛이라는 것이 무엇인지 조건 없는 사랑이라는 것이 무엇인지 감조차 오지 않았지만 의식이 앞서가면 가슴은 따라 움직일 수밖에 없다는 것을 알게 되었다. 가슴이 움직인다는 것은 있는 그대로의 사랑에 아주 조금씩 눈 뜰 수 있는 것이다. '진정한 사랑'이라는 것은 누군가를 내 방식대로 따라오길 강요하거나 상대를 바꾸고 싶은 마음을 내려놓는 것, 나를 제외한 그 누구도 내 뜻대로 통제할 수 없음을 받아들이는 것이다. 아주 오랜 시간동안 나는 이 작업을 해왔다. 시간이 지날수록 다른 이들은 어떻게 육아를 하고 있는지 궁금하지 않았고 나 자신을 그리고 아이를 믿을 수 있는 힘은 점점 더 커졌다. 바로 이것이 내가 아이가 성장할수록 더 많이 자유로워지고 흔들리지 않을 수 있으며 더더욱 강철멘탈이 되어갈 수밖에 없는 이유다. 더 많은 것을 알수록 누군가를 통제할 이유가 없어진다.

리아 여사는 아이들에게 지나칠 정도로 관대했던 것에 대해 이렇게 자신의 입장을 표현한다.

"솔직히 나는 단 한 번도 전형적인 어머니였던 적은 없어요. 다만, 아들이 뭔가를 원하면 어머니로서 마땅히 들어 주어야 한다고 여겼을 뿐이지요."

"나는 그저 아들이 영화를 찍을 때 돈을 대주고, 아이들 음식해 먹인 것 밖에 없어요," 라고 인터뷰에서 직접 말했다.

한 어머니가 딸아이를 있는 그대로 사랑했고 그 딸아이는 엄마가 되어 자신이 받은 방식으로 아들을 키웠다. 그리고 할머니가 바라본 시선대로 그 아이는 세계에 이름을 떨치고 영감을 주는 인물로 성장했다. 나는 스필버그처럼 훌륭한 어머니를 두지 못했고, 그렇기에 나는 아이에게 그런 방식의 사랑을 줄 수 없다고 생각하는 분들이 계실지 모르겠다.

그렇다면 앞에서 내가 말한 대로 '의식이 높아지면 가슴은 따라 움직인다.'라는 말을 꼭 기억하기 바란다. 스티븐 스필버그의 어머니가 아이에게 준 것은 본질적인 사랑, 가장 밑바닥에 있는 사랑이다. 존중과 지지, 믿음 이 모든 것의 근원은 사랑인 것이다. 사랑은 여러분 안에 이미 있다. 우리의 존재자체인 그것, 가슴 밑 깊은 곳에 숨겨져 이미 의연하고 묵묵히 있는 그 사랑을 기억해내고 되찾기만 하면 된다.

'육아'라는 전투와도 같은 빼.박.캔.트.의 시간, 그 처절한 시간 안에서 나는 내 가슴 안에 묵묵히 있는 파랑새 사랑을 발견했다.

내가 했다면 여러분도 그 귀한 보물을 발견할 수 있다. 필요한 일은 선택하고 나아가는 것 그뿐이다. 자신의 선택을 믿고 나아가시길.

3

너 자신이
되라

〈미셸 오바마 어머니 마리안 로빈슨〉

몇 년 전 알라딘 중고 매장에 들려 책을 고르다가 딸과 함께 읽는 미셸 오바마 이야기 〈기죽지 말고 당당하게〉라는 책을 구입했었다. '열정과 용기로 차별과 편견을 극복한 이 시대의 퍼스트레이디'

물론 내가 미셸 오바마의 이야기에 관심이 있던 것은 아니었다. 단지 내 딸아이 하윤이가 읽었으면~ 하는 마음으로 구입했던 책이다. 아주 오랫동안 이 책은 하윤이도 나도 보지 않은 채 책장에 꽂혀 있었다. 그런데 내가 그 책을 꺼냈던 건 작년 말 출간된 〈Becoming 비커밍〉이라는 책을 구입하고 난 후였다.

인터넷 온라인 서점에서 책을 고르던 중 한 흑인 여성이 특별한 에너지를 풍기며 환하게 웃고 있는 책 표지를 봤다. 한동안 그 책이 너무 자주 눈에 띄어 누구지? 하고 책을 클릭했었는데 그녀는 바로 미셸 오바마였다. 목차를 살펴보는데 〈내가 되다(Becoming Me)〉 첫 번째 목차 소제목만 보고 그 책을 구입했다. '나 자신이 되는 것'은 요즘 나의 최대의 화두이기 때문이다.

미국 최초의 흑인 퍼스트레이디 미셸 오바마의 첫 자서전 그 안에서 발견한 가장 큰 가치는 부모님의 '사랑'이었다. 어린 미셸의 당차고 발랄함은 내 어린 시절을 떠오르게 해 주었고, 어린 유년기의 모든 아이들이 가진 선함과 당당함을 다시 한 번 상기하게 되었다. 책을 읽고 가장 기억에 남는 부분은 그녀의 부모님, 그리고 성장환경이었다. 나는 책을 읽으면서 바로 그녀의 팬이 되어 버렸고 SNS를 찾아 팔로우 했다. 집에 오랜 시간 꽂혀 있던 〈기죽지 말고 당당하게〉를 꺼내 보았고 그녀가 연설하는 동영상을 찾아봤다. 그녀의 연설을 듣다보면 매번 가슴이 흔들린다. 당당함과 함께 보여 지는 따뜻함과 지혜 그 특별한 에너지는 그녀의 어린 시절, 부모님의 교육방식에서 기인되었다고 생각한다. 그 중 가장 주목할 점은 아이만의 자연스러움과 고유함을 최대한 존중해주고 생기발랄하고 당찬 아이만의 특성을 관망하듯 비추어 주었다는 것이다.

미셸의 아버지는 덩치가 크고 건장한 남자였다. 그런데 그가 다발성 경화증(알 수 없는 이유로 뇌와 척수가 손상되는 면역체계 이상

질환)이라는 진단을 받게 된 시점은 미셸이 태어나고 1년이 지났을 즈음이었다. 병을 앓기 시작하고 몇 년이 지난 후부터는 지팡이 대신 목발을 짚어야 했고 전동휠체어에 의존해야 하는 날이 늘어났다. 그럼에도 아버지는 자신의 병에 대해 두려워하거나 걱정하기보다 자신에게 주어진 하루를 최선을 다해 살아냈다. 미셸은 장애쯤은 아무것도 아니라는 듯 세상에 맞서는 아버지의 모습을 보면서 대체 건강한 내가 불평할 게 뭔가? 라는 생각을 자주 할 수밖에 없었다. 그녀의 아버지는 침대에서 일어나기도 불편해했지만 하루도 거르지 않고 일을 하러 나갔고 몸이 불편한 것에 대한 불평을 한 번도 하지 않았다고 한다. 자신의 삶으로 몸소 가르침을 주는 아버지를 보면서 학교에 가기 싫다는 말은 할 수 조차 없었다.

아이들은 부모의 '무드'를 보며 배운다. 부모의 에너지 상태를 말하지 않아도 간파하는 것이다. 우리가 어릴 적 부모님을 바라보던 시선을 떠올려 보라. 자신의 내면은 살피지도 않고 그저 아이만 잘 키우기를 바란다면 아마 원하는 것을 얻을 수 없을 것이다. 물론 아이가 좋은 성적을 받고 일류대학을 졸업한 엘리트는 될 수 있다. 그렇지만 진정한 행복이 무엇인지 삶의 본질적인 가치를 이해하지 못한다면 엘리트가 되어 있는 아이도 그의 엄마도 그들의 삶은 평온하지 않았을 것이다.

미셸은 밖에서 정의롭지 못한 일을 보거나 부당한 대우를 받을 때 상황을 절대 수긍하는 아이가 아니었다. 집에서 부모님에게 받은 메시지, 교육과 다른 이야기를 들을 때면 분노하곤 했었는데 주로 그녀의 어머니에게 가서 화를 표출했다. 어머니는 항상 잘 들어주고 안전하다고 느꼈기 때문이었을 거다.

미셸의 어머니는 학교 공부를 제외한 모든 문제는 아이들의 일에 개입하지 않았고 어릴 때부터 모든 일을 아이들이 스스로 처리하길 원했다. 부모들이 할 일은 집에서 아이들 이야기를 들어주고 필요할 때면 지지해 주는 일이라 여겼다. 미셸은 어릴 때부터 부당한 일이면 어른들의 권위에 도전하고 자신의 생각을 명확히 표현할 줄 아는 아이였는데 미셸의 부모님은 그 아이의 마음속 불꽃이 꺼지지 않기를 바랐다.

미셸은 이렇게 말한다.

"돌아보면, 고맙게도 부모님은 내 발끈하는 성미를 있는 그대로 인정해 주었던 것 같다."

흑인 중산층이 모여 사는 동네, 미셸과 오빠 크레이그 로빈슨이 다닌 학교의 아이들은 통제 불능의 아이들이 대부분이었다. 그리고 아이들에게는 관심도 없는 선생님으로 인해 교실은 늘 아수라장이었다. 무능하고 무심한, 그리고 반 전체 아이들을 문제아로 바라보는 선생님께 화가 난 어린 미셸은 늘 집으로 돌아오면 엄마에게 선생님에 대한 화를 쏟아내곤 했었다. 선생님에 대해 분노하며 씩씩거리면 어머니는 "그랬니?", "정말이니?" 라고 대꾸하면서 아이의 이야기를 차분히 들어주었다. 아이들에게 오냐오냐하며 모든 것을 용인해 주지는 않았지만 적어도 아이의 좌절감은 진지하게 여겨주었다. "너는 그냥 너 할 공부나 해라."라고 할 법한데도 말이다.

우리는 때로 작고 약한 내 아이보다는 선생님이나 다른 이들의 시선을 더 중요하게 생각하며 전전긍긍 하곤 한다. 내 안에서 울리는 스스로의 목소리보다 남들이 말하는 목소리를 듣는 훈련을 받아왔기에 늘 남이 먼저 보이고 남을 먼저 배려하기 마련이다. 특히 요즘 엄마들은 선생님들에게 모든 힘을 내어주는 것 같다. 선생님이 내 아이를 규정짓고 판단하는 말을 들으면서 자신 또한 아이들을 같은 시선으로 바라본다. 선생님은 내 아이를 너무도 잘 알고 있다면서 말이다.

미셸의 어머니 메리언 여사는 미셸에게는 아무 말 없이 아이의 담임선생님을 찾아갔다. 그리고 최대한 상냥함을 동원하여 당신은 아이들을 가르칠 자격이 없으니 차라리 슈퍼마켓 계산원이 더 어울릴 거라고 조언해 주었다고 한다.
그리고 미셸은 성적 좋은 아이들 두어 명과 이런 저런 시험을 치고 다음 학년으로 월반했다. 어머니는 아이들에게 문제집을 구해다 주었고 "자극이 없으면 발전도 없다."며 또래 아이들보다 몇 살 더 많은 아이들이 읽는 책을 구해 와서 아이들에게 주었다.

아이들에게 공부만큼은 특별히 신경을 썼던 것 같다. 그럼에도 강요하거나 두 남매를 다그치지 않았다. 미셸의 오빠 그리고 미셸은 뭐든지 잘하는 우등생이었는데 이는 강요나 다그침이 아닌 스스로 모든 것을 알아서 결정하는 자율에서 나온 것이다. 아이들이 내려야 할 결정을 대신 내려주지 않았고 올바른 선택을 하리라는 믿음이 있었다.

〈Becoming〉이라는 책에 이런 구절이 나온다.

〈돌아보면, 어머니가 부모로서 지킨 마음가짐은 아주 훌륭하고 나로서는 따라할 수도 없는 것이었다. 그것은 어느 순간에도 동요하지 않는 선불교적 중용에 가까웠다. 친구들의 어머니 중에는 아이의 감정기복을 자기감정처럼 고스란히 받아 안는 분도 있었고, 자기 문제를 처리하는데 급급하여 아이의 삶에는 존재감을 거의 미치지 못하는 분도 있었다. 우리 어머니는 그저 한결같았다. 쉽게 판단하지 않았고, 쉽게 참견하지 않았다. 대신 우리 기분을 면밀히 살폈고, 무엇이 되었든 그날 우리가 겪은 시련이나 성공을 자애롭게 지켜보는 증인이 되어주었다. 우리가 뭔가 잘 해내면 딱 적당할 정도로 칭찬하여 자신도 기쁘다는 사실을 알렸지만, 그 이상 지나치게 칭찬하여 우리가 어머니의 칭찬을 바라고 무언가를 하게 되는 상황은 만들지 않았다. - Becoming p. 73, 74〉

이 한 단락의 문단 안에 모든 것이 들어있는 듯하다.

육아를 하는 엄마라면 아이의 불편한 감정을 지켜보는 것이 얼마나 힘든 일인지 알 것이다. 그리고 자신 안에서 일어나는 부정적인 감정을 스스로 처리하지 못해 아이들에게 던져 버리는 일은 또 얼마나 많은가? 판단하지 않고 참견하지 않는 중립의 마음가짐 그저 아이들이 스스로 돌아볼 수 있도록 비춰 주는 부모의 마음가짐이라는 것이 참으로 쉽지 않은 일임은 분명 알고 있다.

하지만 이런 부모의 태도와 마음가짐을 배우고 닮아갈 수 있도록 누구나 노력할 수 있다. 우리가 대부분 부모로서의 실수를 저지르는 부분은 무지에서 비롯된 것이기에 알았으면 닮고자 노력하면 된다. 수시로 감정의 파도를 타며 무의식적으로 아이를 키우는 것이 아닌 이렇게 존경할만한 어머니의 사고방식을 보며 우리는 조금씩 더 성숙해 질 수 있다. 지향점이 있으면 돌더라도 반드시 그곳에 닿게 되어있다.

다음은 2017년 1월 백악관에서 있었던 영부인 미셸의 마지막 고별연설이다.

두려워하지 마세요. 젊은이들 제 말 잘 들어 주세요. 두려워하지 마세요. 집중하세요. 결의를 가져요.

희망이 되세요. '힘'이 되세요. 좋은 교육으로 힘을 얻고, 세상에

나가 그 힘을 사용해서 당신의 끝없는 가능성에 걸맞는 나라를 만드세요. 행동으로 모범이 되고 희망으로 이끄세요. 절대 두려워하지 마세요. 그리고 제가 함께 할 거라는 것을 알아주세요. 여러분을 응원하고 지지하기 위해 여생동안 일 할 겁니다. 그리고 젊은이들에게 말하고 싶어요. 누가 무슨 말을 하든 당신이 중요하지 않다는 느낌을 갖지 마세요. 열심히 일하고 스스로를 믿는다면 꿈꾸는 무엇이든 될 수 있다는 희망을 가질 수 있습니다. 남들이 부여하는 한계는 상관이 없어져요. 우리의 진정한 모습을 사람들이 볼 수 있다는 희망, 정말 어쩌면 그들도 그 영향으로 자신이 될 수 있는 최고가 될 거라 믿어요. 여러분의 퍼스트레이디가 되었던 건 제 인생의 최고의 영광이었습니다. 제가 여러분을 자랑스럽게 만들었길 바랍니다.

이 영상을 처음 볼 때 Don't be afraid. 라는 말을 듣는 순간 눈물이 났다. 무언가 가슴 밑에서 뜨거운 것이 올라오면서 꺽꺽 소리가 났다. 눈물을 닦아내며 생각했다.

지나온 내 삶의 여정, 육아라는 참으로 쉽지 않았던 시간, 나라는 사람 존재 자체의 수치심으로 하루하루를 물들이던 지나간 나의 과거. 나의 내면의 작은 자아상에게 희망이라는 메시지로 다가와 끌어안아 주듯 나의 깊은 내면을 흔들어 주었다.

아이들을 키우면서 수치심과 우울감으로 그냥 사라져 버리고 싶다는 생각을 수 없이 해 왔다. 끝도 없이 느껴질 만큼 깊은 나

락으로 떨어지는 듯한 느낌으로 육아라는 시간을 '살아냈던 날'
이 오래였다. 그랬던 내가 두려움과 함께, 그리고 두려움을 마주
하며 그 안에서 발견한 보석 같은 메시지를 세상에 전하고 있는
지금, 내가 걸어온 시간을 반추하며 잘해왔다고, 그리고 앞으로
도 두려움 없이 나아가라고 내게 주는 메시지로 다가와 꺽꺽거리
며 한참을 울었다.

어쩌면 이 희망의 메시지는 부모님이 미셸 자신에게 끊임없이
주었던 바로 그 의미일 것이다.

미셸의 조상은 남부 흑인 노예 출신이다. 그녀의 부모님은 학
교도 제대로 졸업하지 못했으며 집도 없었다. 미셸 가족은 흑인
노동 계층 가정들이 모여 사는 저소득층 주택단지에 살다가 미
셸 어머니의 고모가 살고 있는 2층집으로 들어가 살았다. 방이 없
어 거실에 칸막이를 세워 분리한 공간이 남매의 방이 되었다. 흑
인 노동자의 자손, 교육받지 못한 부모님, 집도 없어 친척분의 집
에 얹혀살았던 것이 그녀의 성장 배경이다. 그렇게 성장한 미셸
은 미국 최고의 교육을 받고 최초의 흑인 영부인이 되었으며 8년
간 백악관에서 생활했다.

시카고 노동자 동네 출신 흑인 여자아이가 아이비리그 대학을
졸업하고 미국의 영부인이 될 수 있었던 것. 그 이면에 담긴 부모
님의 사랑을 기반으로 한 존중과 지지를 꼭 기억하기 바란다. 어
떤 실력과 재능을 가지고 있느냐가 아닌, 모든 것은 믿음과 마음

에서 비롯된다는 성공의 원칙과 같이 양육, 교육도 마찬가지라고 생각한다. 어떠한 환경과 상황에서 아이를 키우느냐가 아닌 어떠한 믿음으로 어떤 마인드로 아이를 바라보느냐에 따라 아이의 성장은 달라진다.

아이들을 늘 존중으로 대하고 스스로 결정을 내릴 수 있도록 힘을 내어 주었던 어머니, 어린 아이 안에 있던 그 작은 불꽃이 꺼지지 않도록 잘 돌보고 가꿔 세상에 내보낼 준비를 하던 부모님의 마음은 지금까지 내게 큰 감동으로 남아있다. 내가 따라 가야 할 길이 바로 그 길임을 알고 최대한 닮아가고자 노력하는 중이다.

4

스스로 원하는 것을
찾게 하라
〈보아 어머니 성영자 여사〉

13살의 나이로 데뷔한 아시아의 별, 가수 보아를 모르는 사람은 없을 것 같다. 데뷔한지 19년이 흐른 지금까지도 일본과 국내에서 수시로 앨범을 내며 활동을 이어가고 있다. 데뷔 직후부터 화려한 스포트라이트를 받으며 데뷔 2년 만에 대한민국 최연소로 연말 가요제 대상을 수상하게 되고, 국내는 물론 일본에서까지 큰 성공을 이어 갈 수 있었던 비결, 그 이면에는 남다른 사연과 스토리가 있다.

몇 년 전 뜨겁던 여름 아이들과 더위를 피해 도서관에 갔던 어느 날 우연히 내 눈에 띈 〈보아 엄마의 황금률〉 보아 엄마의 인생과 교육이야기- 책 표지에는 세계의 별 보아 이렇게 탄생했다 라고 쓰여 있었다. 책을 슥 넘겨보는데 눈을 뗄 수 없을 정도로 빠져들었다. 그 책을 읽기 시작했던 날 나는 새벽 늦은 시간까지 책을 놓지 않고 하루 만에 정독을 했다. 놀라웠다. 그 한권의 책 안에는 내가 간절히 원하고 추구하던 교육방식을 이야기하고 있었다.

육아라는 길을 걸어보지 않은 미숙한 초보엄마가 배려와 사랑을 흉내라도 내어보겠다고 걷기 시작한 길이었다. 내 생각대로 이끌며 이것저것 가르치던 사교육을 모두 끊고 철저히 혼자가 되어 책을 읽고 존경하는 분들의 강의를 찾아다니던 힘겨운 때였다.

주변 엄마들에게 "이런 건 가르쳐야지.", "아이 사회성은 엄마 사회성이라는데 그렇게 엄마들과 어울리지 않으면 아이가 학교에서 친구들과 못 어울리고 왕따 당할 가능성도 있지 않니?" 라는 말을 듣고 지내던 때였다. "엄마가 아이에게 사과를 하다니 그건 좋은 육아방식이 아닌 것 같은데?", "아이를 그렇게 늦게까지 재우지 않다니 엄마가 아이 수면 교육을 시켜야지 아이가 원하는 대로 맞춰주고 있으면 어떻게 해?" 라는 등의 말을 들었다. 주변에서는 대부분 내 육아방식을 지적하고 아이 습관을 고쳐주라며 나를 설득하려 했다. 책에서는, 정말 존경스러운 분들은 그리고 그들의 어머니는 전혀 다른 이야기를 하고 있는데 말이다. 내가 읽고 이해한 보아 어머니의 교육과 삶의 철학은 자식의 유명세와 인기를 배경삼아 쓴 그런 에세이가 아니었다. 신앙과 믿음을 기반으로 어떤 고난과 역경이 닥치더라도 가족을 위해서 아이들을 위해서 지혜롭게 이겨낼 수 있다는 한 위대한 어머니의 헌신이고 메시지였다. 배려, 자율, 나눔, 신앙과 믿음 모든 것이 다 들어 있었다. 어린 아이들을 키우면서 오직 학습과 주입식 교육에만 급급하고 내 아이만을 올바르게 키워내는 것에만 여념 없는 엄마들에게 그 이상의 가치를 전달할 만한 그 이야기를 시작해 보겠다.

인기가수 보아, 그녀에게는 서울대학교에서 피아노를 전공하고 음대 교수가 된 큰 오빠, 홍익대학교에서 미술을 전공하고 뮤직비디오 감독이 된 둘째 오빠가 있다. 그리고 둘째 오빠와 5살 터울의 막내 보아 양, 이렇게 삼남매다.

그들의 스펙을 보면 화려하기 그지없지만 이들 가족에게는 크나 큰 시련, 가슴 아픈 가족사가 있었다. 모두가 힘들었다는 IMF, 그 시기에 이들 가족에게도 큰 아픔이 찾아왔다. 보아의 아버지가 지방의회 선거에 나가보라는 지인들의 권유를 받고 출마했다가 근소한 표차로 물거품이 되고 말았다. 그리고 아쉬움과 미련으로 4년 후 다시 출마하게 되지만 이전과 같은 결과였다. 첫 번째 출마 때에도 상당히 많은 비용이 발생했는데, 두 번째 출마에서는 걷잡을 수 없을 정도의 자금이 들어갔다. 급한 대로 여기저기 빚을 지며 벌여놓고 본 일은 수습자체가 힘들었다. 한꺼번에 밀어닥친 위기상황에 아버지는 상황을 수습할 여력이 없을 만큼 절망에 빠져 있었고 그녀의 어머니가 생활전선에 나서야 했다. 그 때 어머니가 시작했던 일이 우유 판촉이었다. 잡상인 취급을 받으며 젊은 엄마에게 모욕을 당하기도 했지만 서울대 학생 큰 아들과 고3인 둘째, 그리고 큰 꿈을 가진 연습생 보아의 뒷바라지를 해야 할 몫은 자신이었기에 어떤 시련이 와도 이겨내고 극복할 수 있을 것 같았다고 한다.

아무리 긍정적으로 상황을 바라보려고 해도 쌓인 빚들은 갚을 길이 없었고 외벌이 우유판촉으로는 감당할 수가 없는 상황이었다. 결국 집은 경매로 넘어갔다.

그리고 남양주의 어느 땅에 합판으로 집을 만들어 그곳에서 생활했다. 기둥을 세우고 합판으로 덧대어 만든 집, 이음새부분은 어설프게 못질이 되었고 틈새가 많이 벌어진 곳은 헌 옷이나 천 쪼가리로 덮어 바람을 막았다고 한다. 보아의 둘째 오빠와 보아 침대의 사이 간격은 부직포 한 장, 부직포 한 장을 사이에 두고 방을 나누었다. 그때가 세계의 별 보아가 데뷔하기 직전 연습생 시기였다.

그들의 아픈 가족사를 들으니 나의 20대 초반이 생각나 온몸이 경직되었다. 우리 집도 IMF 딱 그시기에 큰 시련의 시간을 겪었다. 같은 해 1999년, 우리가 살고 있던 집도 경매로 넘어갔다. 살 곳을 구해야 했었는데 수중에 돈은 없었다. 아빠는 고혈압, 당뇨 등 여러 가지 합병증으로 집에 있는 날 보다 병원에 있는 날이 훨씬 더 많았던 것 같다. 내가 중학교 2학년 때 돌아가셨는데 아빠가 입원해 있을 때 병원에 갔다가 금방 돌아가실 것만 같은 아빠 모습을 보고 엄마와 헤어져 혼자 버스에 오를 때는 어린 나이에 가슴이 꽉 조여오곤 했었다. 돈 벌이는 거의 없고 아빠 병원비는 모두 빚이었다. 항상 엄마는 누군가에게 돈 빌릴 궁리를 했었다. 아빠가 돌아가신 후 여기저기 동네에서, 은행에서 끌어다 쓴 빚은 감당할 수 없는 지경에 이르러 살고 있던 성북동 집을 팔았다. 그리고 서울 근교 변두리에 전세 얻을만한 작은 돈이 남았는데 엄마는 무리를 해서 정릉에 새로 지은 빌라를 대부분의 빚을 떠안고 샀다. 그때가 내가 고등학교를 갓 졸업했을 때였다.

얼마 살아보지도 못한 집은 경매로 넘어갔고 엄마와 20살을 갓 넘은 나는 신용불량자로 등록되었다. 엄마가 받았던 불법대출 연대 보증인이 나였다. 수시로 빚 독촉 전화가 울려댔고 돈을 기한 내에 갚으라는 저주 섞인 전화를 받아야 했던 것도 나였다. 엄마는 모든 것을 포기한 듯 넋을 놓고 있었다. 집이 경매로 넘어간 후 우리 집을 산 새 집주인과 빨리 연락이 닿지 않았다는 이유로 이사비용도 받지 못하고 그 집을 나와야 했다.
　부동산에서는 우리가 가진 돈에 맞춰 월세를 구한다고 하니 다들 손사래를 쳤다. 그래도 엄마랑 열심히 돌아다녔다. 남동생은 군대에 있었고 나는 그때부터 자연스럽게 엄마와 장애인 언니의 정신적, 경제적 보호자가 되었다. 우리가 들어가게 된 집은 한두 해가 지나면 헐리게 될 곳이었다. 재개발을 앞둔 작고 허름한 다세대 주택 지하 방이었다. 곰팡이가 가득했고 난방이 전혀 되지 않는 곳이었다. 일상의 매 순간 심리적으로 위축되는 일은 물론이고 그 곳에서의 삶은 겪어보지 않은 사람은 상상조차 할 수 없을 만큼 처참했다.

보아 양의 가족들이 허름한 판자 집에서 지냈던 일들은 그 때의 기억을 구체적으로 떠오르게 했다. 겪어 보았기에 알고 있다. 그런 시기를 겪으면서 느끼게 되는 수치심과, 음침한 밑바닥에 닿은 듯 느껴지는 자괴감으로 숨통이 늘 조여와 살아가지만 사는 것 같지 않았다. 환경은 내가 아닌데 내가 처한 환경이 나 자신이 되어버린 것 같은 암울함에 매일 술을 마셨던 그 때, 당시 주변에 나처럼 살고 있는 이는 아무도 없었다. '나만' 오직 나만 다른 세상에 동떨어져 사는 처량 맞은 흙수저라 여겨졌다. 그런데 이렇게 고난과 역경을 이겨낸 보아 양 가족의 이야기를 보면서 내가 가지고 있던 특별함을 돌아보게 되었고 겸허해지기까지 했다.

보아 양 어머니는 위기를 어떻게든 극복하리라 다짐하고 우유 판촉을 시작하셨다고 한다. 아이 둘을 키우는 엄마인 내 시선으로 이를 바라 봤을 때 정말 대단하신 분이라는 생각만 들 뿐이었다. 그 삶을 살아내는데 고된 일이 우유 판촉 뿐 이었겠는가? 아이 셋 그리고 남편까지, 가족의 식사거리도 챙겨야 했을 것이며 큰 아들의 예술 고등학교 학비, 남양주에서 서울까지 매일 통학을 시켜주었다는데 주유비 또한 만만치 않았을 터다. 보아는 남양주의 집에서 서울까지 버스, 지하철, 택시로 이동하며 연습생 생활을 했다고 하는데 교통비는? 나도 아이를 키우는 엄마이자 살림을 하는 가정주부로서 이 모든 것을 어떻게 감당했을까 이런 현실적인 생각이 먼저 들었다.

어머니는 그 상황에서 자신이 할 수 있는 일은 열심히 사는 모습을 보여주는 것이라 생각하신 것 같다. 아무리 상황을 바꿔보려고 애쓴다 해도 생각처럼 일이 흘러가지 않을 때가 있다. 어머니는 가족이 뿔뿔이 흩어져 지내야만 했던 녹록치 않았던 날들을 하루하루 살아내야 했지만 '상황이 아닌 상황을 바라보는 태도에 따라 미래가 달려있다'고 아이들을 모아 놓고 이야기하며 희망을 놓지 않았다. 세 자녀는 그런 어머니의 모습을 보고 더 열심히 공부하고 서로 각자의 자리에서 할 일을 열심히 하자고 다짐했다. 아이들의 성적은 늘 상위권이었다. 고된 연습생 생활을 하며 13살에 데뷔했음에도 불구하고 보아의 학교 성적은 매우 좋았다. 13살 보아가 가고 싶어 했던 중학교는 시험을 치르는 학교였는데, '서울 삼육중학교 수석합격'을 하면서 3년 전액 장학생으로 선발되었다. 세 아이들은 우리 어머니는 친구들의 어머니와는 다르게 일일이 간섭하고 공부를 강요하는 엄마가 아닌 관대한 엄마라는 점을 감사하게 생각했다. 선화예고, 서울대, 동 대학원, 홍익대학교 미술대학 두 오빠들의 학력을 객관적으로 보자면 사교육을 많이 했을 것 같지만 피아노 개인레슨 외의 어떤 과외도 받아본 적이 없고 방학 때 과목당 2~3만원하는 단과반 학원 수업을 들었던 것이 전부였다.

어머니는 부모가 해 줄 수 있는 최소한의 것들만 내어주고 나머지는 모두 아이들에게 맡겼다. 학습이나 중요한 결정을 앞에 두고도 아이들에게 선택하도록 했다. 결과에 대한 책임까지 미리 염두에 두게 해 신중히 생각할 수 있는 시간을 주었다.

"위인전이나 만화로 된 세계 역사처럼 어린 아이들이 흥미를 느낄만한 책들을 사다가 책장에 꽂아 놓았을 뿐 별다른 말을 하지 않았다. 그러자 놀다가 지치고 특별히 할 것이 없어진 아이들이 하나둘씩 관심 있는 분야의 책을 뽑아 읽기 시작했다. 다 읽고 나면 다른 분야에 관심을 보이고, 그 다음 또 다른 쪽으로 관심 분야를 옮겨가고. 내가 해주는 것이라곤 가끔 빈 책장이나 새롭게 관심을 가지는 분야의 책을 채워주기만 하면 됐다. 특정적인 교과 과정보다는 삶의 경험과 지식이 많이 담긴 책들을 주로 선별했다. 스펀지처럼 아무거나 많은 것을 빠른 시간에 흡수할 수 있는 시기의 아이들이기에, 좋은 영향을 끼칠 수 있는 책들을 동화나 만화책 상관하지 않고 권했다." 〈보아 엄마의 황금률 p. 82, 83〉

어머니 성영자 여사의 교육방식의 흐름을 보면 이렇다.

아이들이 어릴 때는 아이들의 관심사를 따라 책을 사주는 것 외에 어떤 학습도 시키거나 강요하지 않았다. 그리고 아이들이 원하고 바라는 것이 생길 때까지 기다려 준다. 아이들이 스스로 원하는 것을 찾고 배움에 대한 강한 마음과 절실함이 있을 때 전폭적인 지원을 아끼지 않는다. 간절함과 절실함은 자신이 원하는 것을 얻기 위해 미친 듯이 노력하는 방법을 배우게 한다. 결국 경험을 통해 아이들이 모든 것을 배울 수 있도록 기회를 주는 것이다.

▶ 피아노를 접한 이후 늦은 밤, 이른 아침 할 것 없이 피아노 앞에만 앉아 피아노를 두들겨 대는 큰 아들, 자정이 넘은 시간까지 춤을 춘다며 헤드스핀을 하는 둘째아들, 학교에서 돌아오자마자 춤추고 새벽 까지 노래를 불러대는 보아 이 세 아이를 위해 마음껏 원하는 것을 할 수 있도록 남양주의 주택으로 이사를 했다.

▶ 중학생 때는 게임에만 빠져 있고 고등학교를 졸업할 때 까지 공부에는 관심이 없고, 이후 춤에만 빠져 사는 둘째 아들에게 공부를 강요하거나 나무라지 않았고 공부를 잘 하는 형과도 비교하지 않았다.

자신이 원하는 것, 하고 싶어 하는 일을 찾을 수 있을 때 까지 스스로 무언가를 느끼도록 그저 지켜보았다. 수능을 보는 듯 마는 듯 대학에는 관심도 없어 뵈던 아들이 갑자기 1년도 채 안되게 준비해 미대를 가겠다고 선포하는 것에 충격적이었지만 자신의 선택에 대한 책임을 질 것을 약속받고 전폭적인 지원을 해 주었다.

▶ 태권도, 검도, 가야금, 유도, 수영 등 아이가 배워보고 싶다는 건 무엇이든 접하고 배워볼 수 있는 경험을 주었고 아이의 관심사가 자연스레 다른 곳으로 옮겨가면 아이의 뜻을 따라 지원해 주었다.

▶ 아이들에게 전폭적인 지원과 지지를 아끼지 않았지만 원인과 결과에 대해 가르쳤다. 무언가에 도전할 때 들어가는 시간과 노력이 있으면 그에 대한 결과물이 어떻게 만들어지는가에 대한 이야기를 많이 들려주었다.

아이를 따라가며 배려하는 교육, 이끌지 않고 관망하며 지켜보는 사랑, 내가 써 내려가고 있는 어머니들의 교육법은 모두 하나로 통합이다. 하나의 통합된 이 메시지가 글을 읽고 계신 독자분들의 마음에도 닿기를 바란다. 의식이 알았으면 더 많이 노력하고 최대한 실천하려 애써야 한다.

단 한번 사는 인생이고 우리 아이들은 소리 없이 매 순간 성장한다. 더 늦기 전에 깨우치고 자유로워 져야 하지 않겠는가? 간절한 만큼 실천하기, 이것이 아무런 조건 없이 주어진 내 인생 내 삶에 대한 기본적인 예의다.

어머니의 지지는
나비효과가 되어
〈방시혁 대표의 어머니 최명자 여사〉

아이들이 어릴 적 특히 둘째 찬유를 출산하고 나서 느껴지는 불편한 감정, 그 불편함을 내가 안고 있다는 것도 모르고 지내던 때가 있었다. 늘 TV를 정신적인 친구 삼아 지냈고 볼륨을 크게 올리면 불안함이 덜해졌다. 그리 지내던 내가 TV 연결선을 빼 버린 계기가 있다. 내면과 심리적인 문제를 알게 되고 주변 엄마들과의 만남을 피하면서 사교육을 모두 끊었던 바로 그 때, 심리성장, 내면 치유에 모든 것을 걸고 있을 때였고 틈만 나면 책을 읽었다. 아이들이 개그콘서트나 현란한 TV만화까지 보게 되니 잔잔한 흐름의 영어 DVD를 잘 보려 하지 않았다. 의미 없는 광고가 흘러나오는 시간도 너무 아까워 남편의 동의를 구한 후 TV선을 빼 버렸다. 아이가 5학년이 될 때까지 집에서 TV프로그램은 전혀 보지 않았는데 다시 TV선을 연결하게 된 계기가 있다.

바로 BTS! 방탄소년단...(?????)

5학년 8월, 여름방학에 아이 스마트 폰을 처음 사 주었다. 4학년부터 이미 방탄소년단의 팬이었던 하윤은 스마트 폰을 득템한 그 순간부터 더욱 무섭게 방탄소년단에 빠져들었다. 트위터를 통해 그들과 관련된 모든 소식을 알고 있었다. 방탄소년단이 왕성한 활동을 하던 2017년, 나만 보면 TV선을 연결해 달라고 졸라 아주 오랜 시간 동안 고민을 했었다. 절대 허락하고 싶지 않았던 TV, TV방송이 다시 흘러나온다면 둘째도 하윤이도 너무 TV에 빠져 살 것 같아 우려가 되었다. 아이의 간절함을 보면서 지금 내 마음은 누구를 위한 것인가를 생각했다. 아이가 너무도 원하는 것, 그걸 들어주기로 결정하고 TV선을 다시 연결했다.

하윤이는 다른 TV프로그램은 전혀 관심이 없었다. 오직 BTS BTS BTS. 아이는 어릴 때부터 개 발레 미니어처 등 한번 뭔가에 빠지면 백과사전을 줄줄 외우고 한글책 영어책 가리지 않고 보았다. 방에서 온종일 나오지 않고 미니어처를 만들기도 했었다. 놀라울 정도로 깊이 빠지는 몰입 그 깊은 탐구의 시간이 BTS로 옮겨갔다.

학교에서 돌아오면 유튜브, 다큐, 음악방송 방탄소년단이 나오는 프로그램을 모두 찾아보고 휴대폰을 손에서 놓질 않았다. 어느 날 방탄소년단의 인기비결을 다룬 한 다큐 프로그램을 보게 됐다. 세계 각국의 사람들이 방탄소년단의 팬이 된 계기에 대해 말하고 있었다. 나보다도 훨씬 나이 들어 보이는 외국인 중년여성의 집을 보게 되었다. 집안 곳곳은 방탄소년단 사진으로 가득했고 지금은 딸아이와 함께 광적인 팬이 되었다며 방탄소년단이 좋은 이유를 한참 이야기하는 모습을 보았다. 그리고 하윤이에게 물었다. "하윤아, 방탄소년단은 왜 저렇게 세계적으로 유명해 진 거야? 혹시 비결을 알고 있니?"

그때 하윤이가 나에게 했던 대답은 이렇다. "엄마 방탄소년단은 그냥 아이돌이 아니야. 사람들이 방탄소년단의 정체에 대해서 다 알아야해."

내가 되물었던 말은 이거다. "그럼 어떤 아이돌인데??"

나도 정말 궁금했다. 방탄소년단이 세계로 뻗어나가는 속도는 실로 어마어마해 보였다. 아이는 뭐라고 설명을 할 수가 없는데 그들의 노래 가사를 들으면 행복해 진다고 했다. 그 때 아이 나이는 12살, 자신 안에서 느껴지는 특별함을 누군가에게 설명하기 힘들었을 만도 하다는 생각이 든다.

아이가 보는 콘서트DVD나 영상에서 멤버들이 하는 말들과 메시지는 나의 마음과 눈을 사로잡았다. 그들은 자신들의 감정을 말하면서 눈물을 흘렸고 다른 이들도 눈물 흐르게 했다. 그들이 하는 이야기를 들으면 가슴 한 켠이 저릿하게 건드려 졌고 뜨겁게 활활 타오르는 듯 했다. 물론 그로부터 2년여가 흐른 지금은 누구보다 방탄소년단 형들을 사랑하는 팬이 되었다. 작년 8월, 하윤이와 둘이 방탄소년단 LOVE MYSELF 콘서트 장에 갔을 때는 세상을 다 가진 것 같았다. 나이 마흔을 훌쩍 넘은 한 아줌마가 방탄소년단을 보면, 그들의 음악을 들으면 행복해졌다. 그들의 행보를 지켜보면서 가슴이 뜨거워지고 그 어떤 자극보다 동기부여가 된다. 딸아이와 소파에 앉아 BTS영상을 같이 보는 것이 내 최고의 힐링 방법이다. 워낙 이례적이고 특별한 행보를 보면서 이들에 관심을 갖기 시작했다. 혜성처럼 나타나 세계로 뻗어나가는 원인을 파헤쳐 보고 싶었지만 그럴 시간도 없었다. 시간이 지나면서 화려한 무대 뒤에 숨겨진 비밀, 나는 그 비밀을 알게 되었다.

40대 중반을 향해 가고 있는 두 아이의 엄마가 방탄소년단 광적인 팬이라고 해도 이상하지 않을 것이다. BTS의 팬클럽 '아미'들의 인터뷰를 들어보면 방탄소년단을 보며 자신들도 꿈과 희망을 향해 나아갈 수 있다고 말한다. 각 멤버들이 작사, 작곡에 대부분 직접 참여하고 곡을 만든다. 노래에 담긴 메시지는 사랑, 이별 등의 소모적인 내용이 아닌 희망, 자유, 자기사랑, 꿈에 관한 이야기다. LOVE MYSELF라는 노래를 들으면 정말 행복해진다.
자기 자신을 받아들이고 수용하라는 이야기, '자기사랑' 세계인들에게 이 메시지를 전한다. 자신들이 먼저 행하며 그로인한 에너지와 마인드로 전 세계를 누비며 그 엄청난 스케줄을 소화한다. 그들이 먼저 실천하며 깨닫고 알아가는 것 그걸 세계의 팬들에게 전하는 것이다. 특정 계층만의 사랑노래가 아닌 어느 누가 들더라도 의미가 있을 메시지를 나눈다.

노력 노력 타령 좀 그만해
애쓰지 좀 말아. 져도 괜찮아. 네 멋대로 살아. 어차피 네 거야
So what! 멈춰서 고민하지 마! 다 쓸데없어 Let go! 아직은 답이
없지만 You can start the fight 라는 등의 노래 가사는 노력하지 말고 되는대로 살라는 이야기가 아니다. 젊은 세대가 겪고 있는 고충을 조명하고 그들이 겪는 압박과 스트레스를 벗어던지라고, 그래도 괜찮다고 그래야만 한다고 전하고 있는 것이다.

방탄소년단의 리더 RM(김남준)의 UN 연설을 들어 보았는가? 세계적으로 이슈가 된 감동적인 이 청년의 연설을 대부분 많이 보셨겠지만 아직 못 보신 분들이 있다면 꼭 한번 찾아보시길 바란다.

우리는 대부분 남들의 시선에서 자유롭지 못하고 다른 이들의 생각대로 자신을 맞추기도 한다. 사람들의 판단에 연연하며 진짜 내 가슴이 하는 말은 무엇인지 알려하기 보다 통념, 일반적인 생각에 쉽게 동의하곤 한다. 어릴 적부터 이런 교육을 받아왔던 세상의 아미들은 이들의 메시지에 관점을 달리하며 용기와 희망을 얻게 된다. 전 세계의 아미들은 이 각기 다른 개성을 가진 청년들의 '메시지'에 열광하는 것이다.

 학교 3부작이라고 불리는 첫 번째 두 번째 미니앨범, '인생에서 가장 아름답고 행복한 시간'이라는 의미를 가진 화양연화 앨범, 〈데미안〉의 주제의식을 가져와 만들었다는 앨범 '윙즈', 그리고 자신을 있는 그대로 사랑하라는 메시지인 'LOVE YOURSELF'까지 한 시리즈의 앨범을 2~3개씩 발매하는데, 2013년부터 지금까지 제작해 온 앨범은 수도 없이 많다. 지금까지 이어온 그들의 행보를 보면 대단하다는 말로밖엔 설명이 안 된다. 어느 날 딸 하윤이가 "엄마 방시혁은 처음부터 지금까지 모든 그림을 다 그려 놓고 있었던 것 같아. 그리고 미래까지도."라는 말을 한 적이 있다. 처음부터 이 큰 그림을 모두 계획하고 있었다고?? 그래 그럴 수도 있겠지만 그렇다면 정말 대단하다. 라고 생각했다.

 방탄소년단을 세기의 스타로 키워낸 방시혁 빅히트엔터테인먼트 대표, 그는 2019년 2월 모교인 서울대학교 졸업식 축사에서 이렇게 말했다.

 "저는 사실 큰 그림을 그리는 야망가도 아니고, 원대한 꿈을 꾸는 사람도 아닙니다. 좀 더 정확히 말하면 구체적인 꿈 자체가 없

습니다. 그러다 보니 매번 그때그때 하고 싶은 것에 따라 선택했던 것 같습니다."- 방시혁 대표 서울대학교 졸업식 축사 中

이들의 성공 뒤에는 분명 원대한 꿈이 있었거나, 큰 미래를 그리고 이를 하나 둘 실현하는 것처럼 생각할 수도 있지만 자신은 꿈이나 목표가 없다고 말한다.

그저 흘러가는 대로 그때그때 하고 싶은 것에 따라 선택했고 상식에 벗어난 부조리, 불합리에 분노하고 대항하며 지금까지 나아왔다고 한다.

"자신이 정의하지 않은 남이 만들어 놓은 행복을 추구하려고 정진하지 마십시오. 오히려 그 시간에 소소한 일상의 한 순간 한 순간들에 최선을 다하기 위해서 노력하십시오. 무엇이 진짜로 여러분을 행복하게 하는 지 고민하십시오. 선택의 순간이 왔을 때 남이 정해 준 여러 가지 기준들을 쫓지 않고, 일관된 본인의 기준에 따라서 답을 찾을 수 있도록 미리 준비하십시오. 본인이 행복한 상황을 정의하고, 이를 방해하는 것들을 제거하고, 끊임없이 이를 추구하는 과정 속에서 행복이 찾아올 겁니다."- 방시혁 대표 서울대학교 졸업식 축사 中

세상을 향해 발걸음을 떼며 나아가는 청춘들에게 꿈이 없어도 괜찮다고 자신이 무엇을 원하는지 나는 어떨 때 행복한지 끊임없이 자신에 대해 알아가고, 자신이 그런 상황과 상태에 놓일 수 있도록 노력하라는 메시지를 전한다.

방시혁 대표, 빅히트엔터테인먼트, 그리고 방탄소년단이 지금까지 초고속 고공행진을 할 수 있었던 배경 그리고 그들이 차근차근 밟아온 시간과 그들이 전하는 메시지를 아우르면 방시혁 대표의 가치관과 세계관이 그들의 모든 것에 녹아있다. 방 대표의 성장 환경, 그의 어머니의 교육관, 방탄소년단의 세계관, 그들의 음악, 뮤직비디오, 컨셉, 티저 영상 이 모든 것들이 같은 연장선 안에 있는 것이다.

방 대표는 어려서부터 독서를 좋아하고 다독을 했다. 5살 무렵부터 혼자 책을 읽기 시작했고, 집중력과 속독이 뛰어나 엄청난 양의 책을 읽었으며 초등학교 입학 전에 청소년 시기에 읽을 책들을 거의 읽었을 정도였다고 한다. 공부한다고 하면 30분, 독서는 5시간일 정도로 집중력이 뛰어났고 어릴 때부터 좋아하는 일은 태산이 무너져도 모를 정도로 집중하곤 했다고 그의 어머니는 말한다.

방시혁 대표의 어머니는 오늘의 한국 이라는 기사 인터뷰에서 가정교육에 대해 궁금하다는 질문에 이렇게 대답했다.

"둘 다 저 좋아하는 것을 하면서 스스로 컸어요. 딸은 작곡과를 나와서 미술대학원을 졸업하고, 지금은 쥬얼리 디자이너로 쇼룸을 갖고 행복하게 자기 일을 하고 있습니다. 제가 클 때는 가부장적인 시대였는데도 우리 집은 민주적이었어요. 부모님께서 칠 남매를 각자 다 독립적인 개체로 믿고 자유로운 분위기의 교육환경을 만들어주셨어요. 매를 한 번도 들어보신 적이 없었죠. 부모님의 믿음으로 다섯 명이 서울대학교를 졸업했고, 그중에 나도 들어 있지요."

방 대표의 성장 과정 중에 중요한 고비마다 하고 싶은 일을 할 수 있도록 도와준 이는 어머니였고 어머니는 늘 아들의 선택을 존중해 주었다.

그리고 인생철학은 무엇인지 그리고 마음에 담고 있는 책을 소개해 달라는 질문에는 이렇게 답하였다.

"성실하게 최선을 다하면서 살자. 뒤를 돌아보는 시점이 되니까, 오히려 '그 사람의 입장이 돼보자'는 생각으로 배려의 마음이 커집니다. 교만하지 말고 겸손하자! 가 모토입니다. 눈뜨고 잠자리에 들 때까지 감사함으로 살고 있습니다. 청소년 시절에 헤르만 헤세의 〈데미안〉을 읽고 살아가는데 이정표로 삼았어요. 알을 깨고 나와 새로운 세상을 접한다는 것이 매력적이었고요. 〈어린왕자〉는 보이지 않는 세계에 대해서도 감사함을 갖는 진지함이 좋았어요."

청소년 시기에 접한 〈데미안〉을 삶의 이정표로 삼았다는 어머니, 〈데미안〉은 곧 아들인 방시혁의 세계관이 된다. 그리고 〈데미안〉은 앨범 'WINGS'의 모티브가 된다. 그 앨범 안에 수록된 〈피 땀 눈물〉의 뮤직비디오는 어린 시절의 안온한 세계에 머무르던 젊은이들이 유혹, 쾌락, 방황으로 묘사되는 청춘의 고통을 받아들이며 성장한다는 내용으로 탄생한다. 〈데미안〉은 방탄소년단이 팬클럽 아미들에게 전하는 추천 책이 되고 방 대표와 방탄소년단이 추천하는 책 〈닥터 도티의 삶을 바꾸는 마술가게 IN TO THE MAGIC SHOP〉은 방탄소년단의 '팬 송' 〈MAGIC SHOP〉이 된다. 최근 발매한 앨범 〈MAP OF THE SOUL : PERSONA〉는 〈융의 영혼의 지도〉를 모티브로 삼은 시리즈의 첫 앨범이다. 팬들은 이들의 노래와 영상 안에 담긴 맥락을 이해하기 위해 〈데미안〉과 〈융의 영혼의 지도〉 등 이와 관련된 책들도 많이 구입해 읽으며 이들이 전하는 메시지를 해석하려고 노력한다. 전 세계로 뻗어나가는 이런 영향력은 아이가 원하는 것을 하게 두는 관대함과 아이의 선택을 존중하며 지지해 주는 부모의 성숙함으로 뿌려진 씨의 나비효과라고 생각한다.

사회적으로 주목받는 유명 인사들의 어린 시절, 이들의 부모와 성장 배경을 더 많이 더 깊이 알아갈수록 내가 전하고 추구하는 배려 깊은 교육방식의 증명이 하나로 통합되어 명확하게 드러남에 매우 놀랍다. 마지막으로 2019년 2월 14일자 전북일보에 난

기사를 여러분들께 들려드리겠다.

〈방탄소년단 탄생시킨 방시혁의 아버지 방극윤 전 이사장 "나는 기타 하나 사준 것 밖에 없습니다."〉라는 제목의 인터뷰 기사다. 방 대표의 아버지는 자녀들을 키우고 있는 부모들께 한 말씀 부탁드린다는 기자의 질문에 이렇게 말씀하셨다.

"세상이 많이 달라졌습니다. 우리 세대는 먹고 살만한 직장에 가기 위해 열심히 공부해서 법대나 상대를 많이 선택했습니다. 그러나 지금은 좋아하는 일, 좋아하는 공부를 하도록 해야 재미를 붙여 행복하게 열심히 노력하고 성공할 수 있습니다. 그러나 어느 경우도 애들에게 한 없이 많은 책을 읽혀야 한다고 생각합니다. 책을 많이 읽으면 공부가 쉬워지고, 자기 결정능력이 커지기 때문입니다."

더 이상 말이 필요 없을 것 같다.

재능보다 인성 '덕'을 베풀어라

경제교육으로
부자지수 높이기
〈마크 저커버그 어머니 카렌 켐프너〉

둘째 아이 찬유 1학년 때의 일이다. 하교 후 집으로 들어오는 아이의 표정을 보니 속상한 일이 있었던 것 같았다. "찬유야 왜? 무슨 일 있었어?" 하고 물으니 아이가 갑자기 울음을 터트렸다. 우는 모습을 보아하니 뭔가 크게 상처 되는 일이 있었구나 싶었다.

사건은 이랬다. 하교 후 태권도장에서 수업이 시작되기 전, 한 친구가 도장 바로 밑 편의점에서 새로 출시된 인기 있는 과자를 판다고 얘기했단다. 찬유는 그 과자를 사러 같이 가자고 그 아이에게 부탁을 하고 두 아이가 편의점에 내려갔었나 보다. 그 인기 있는 과자를 하나 고르고 계산대 앞에 가서 찬유가 머뭇머뭇 거리니 그 친구가 "야 너는 돈 계산법도 모르냐??"라고 말했다고 한다. 그 말을 듣고 기분이 상했는데 도장에 올라와서도 다른 친구들에게 찬유는 돈 계산 하는 것도 모른다 하며 크게 이야기를 했었나보다. 그 자리에선 아무 말도 하지 못했는데 집으로 돌아와 내 얼굴을 보니 그 아이에게 한 마디 대응도 못한 것에 분한 마음이 올라와 눈물이 터진 거였다. 창피함, 분노, 억울함으로 뒤섞인 마음을 꾹 억누르고 집으로 돌아와서는 엄마를 보고 억눌렀던 감정이 터져 폭발하듯이 아이는 감정을 쏟아내고 있었다.

가끔은 아이의 그런 좌절과 분노, 그리고 자신 안에서 일어나는 여러 가지 감정을 느끼며 힘들어 하는 모습을 보게 된다. 그런 순간이 예고도 없이 찾아올 때 나도 참 당황스럽다. 폭발하듯 쏟아내는 아이의 감정을 내가 어떻게 처리해 줄 수도 없는 노릇. 그때 내가 할 수 있는 일이 무엇일까 순간 생각했다. 우선 나는 아이가 느끼고 있는 감정들이 너무나 공감되어 자신의 감정을 충분히 느끼도록 지켜봐 주었다.

그리고 돈 계산법은 경험으로 배우면 금방 알 수 있는 거라고 이야기해 주었고 다음부터는 그런 순간이 찾아올 때 느껴지는 화와 감정을 억누르거나 참지 말고 상대에게 표현해도 괜찮다고 말해 주었다.

그 사건을 계기로 크게 느낀 것이 있다. 내가 그만큼 돈, 경제 교육에 너무 소홀하고 무심했구나 하고 알아차린 것이다. 하윤이도 지갑에 1~2만 원 정도는 늘 가지고 다녔지만 아이는 쑥스러움 탓인지 혼자 마트에 들러서 뭘 사먹는다거나 하는 일이 거의 없었다. 그렇기에 무심히 일주일에 얼마 혹은 하루에 얼마씩 주는 용돈은 주지 않고 있었던 거다. 시간을 되짚어 생각해 보면 나는 아이가 아직 어리니까, 아직 계산법을 모르니까, 아이는 혼자 마트에서 물건을 안사니까 등의 이유로 아에게 용돈을 주지 않고 있었다는 것을 자각했다. 그러면서 인식조차 하지 못한 채 아주 조용히 시간이 흘러버린 것이다. 아이에게 괜찮다고 돈 계산법은 경험하고 배우면 금방 알 수 있는 거라고 울고 있는 아이에게 말은 했지만 '아차' 싶었다. 방망이로 세게 한 대 얻어맞은 기분이 들었다.

돈에 대한 관념, 그리고 절약하는 습관, 소득과 소비, 나눔 등의 경제교육은 정말 중요하다. 고작 2년 전이긴 하지만 그 때의 나와 지금의 나는 아주 많이 달라져 있다. 그 사건을 계기로 용돈 교육뿐만 아니라 부와 돈의 개념과 마인드에 관련된 책을 특별히 많이 구입해 아이들이 읽도록 했다. 특히 잠자리에서 읽어주는 마인드 관련 책은 아이들에게 큰 영향을 미친다. 아이들 스스로 무한한 가능성을 믿고 자신을 사랑할 수 있도록 자신감을 심어줄 수 있는 책을 골라 자기 전 읽어주곤 했다. 책을 읽어주면서 이야기도 자주 나누곤 했는데 아이는 불안하거나 두려운 일을 앞두고 있을 때 내가 읽어 줬던 책들의 문구를 되뇌이곤 한다. 혼자 속으로 중얼거리는 말을 들어보면 내가 아이에게 주었던 메시지들이 하나하나 다 아이 안에 저장되어 있구나 하고 느낄 때가 많다.

생각하는 대로 현실에서 보여 진다. 이런 상황이 나에게 벌어 졌네~, 일어났네 라고 우리는 생각하지만 모든 것은 원인이 있다. 내 안에서 생각한 것, 마음에서 품었던 그림이 현실로 창조되는 것이다. 나는 이를 경험으로 너무 많이 깨달았고 마음의 법칙을 가슴으로 이해했다. 아이들에게 부와 경제적인 마인드, 돈에 대한 관념을 바르게 심어주고 가르친다는 것은 교육의 차원을 넘어 삶을 대하는 태도에 영향을 미친다. 그렇기에 부모인 우리 자신은 돈이나 부에 대해 어떤 경향을 가지고 있는지 먼저 돌아볼 수 있어야 한다.

페이스북을 설립, 운영하며 소셜 네트워크 서비스(SNS)를 선도하고 있는 미국의 젊은 기업가 마크 저커버그, 그는 뉴욕 주의 한 부유한 가정에서 태어났다. 아버지는 치과의사, 어머니는 정신과 의사였고 유대교 교육을 받으며 성장했다. 그는 4차 산업혁명 시대가 요구하는 미래형 인재, 융합형 인재의 대표적인 인물이다. 고등학생 때 서양고전 과목에서 우수한 성적을 거뒀고, 펜싱 팀의 주장을 맡기도 했는데 이는 다양한 분야를 접하고 견해를 넓힐 수 있도록 이끌어준 어머니의 영향 때문이었다. 어머니는 저커버그가 어릴 때부터 역사, 예술, 논리학 등 폭넓은 분야의 책을 접하게 했고, 시간이 날 때마다 함께 박물관과 미술관에 방문해 인문학적 소양을 쌓을 수 있도록 해 주었다. 부모님은 유대계 미국인으로 유대인들의 전통적인 교육법인 '하브루타'에 따라 자녀들에게 대화와 토론을 통해 생각하는 법을 가르쳤다.

저커버그는 세계적인 부자로 꼽히는 인물이지만 매우 검소한 생활을 하는 것으로 알려져 있는데 이 또한 부모님의 영향 때문이다. 부족함이 없는 가정이었음에도 어릴 때부터 스스로 경제활동을 하고 필요한 돈을 벌어 쓰도록 권유해 저커버그는 입시를 앞두고도 틈틈이 아르바이트를 했다. 그의 어머니는 아이들에게 검소한 생활을 하면서도 중요한 일에는 큰돈을 쓰기를 망설이지 말라고 가르쳤다.

마크 저커버그는 첫 딸을 얻은 후 보유 중인 페이스북 지분 99%를 자선단체에 기부하겠다고 선언했다. 금액으로 치면 450억 달러, 우리 돈 52조 원이다. 유대인 교육의 전형적인 표본을 보여 주었던 부모님의 교육방식은 마크 저커버그의 삶에 그대로 반영되는 듯 하다. 유대인들은 시간과 숫자에 대한 개념이 매우 강하다고 한다.

전통적으로 유대인 가정에서는 조기 경제교육을 매우 중요하게 생각한다. 일상의 경험으로 경제활동을 자연스럽게 교육에 스며들게 해 가르친다. 아이들에게 어릴 적부터 동전을 주며 저축하는 습관을 들게 하고 기부의 의미에 대해서도 이야기한다. 집안일을 도우면 용돈을 주고 부모님에게 받은 용돈을 스스로 관리할 수 있도록 용돈 기입장을 쓰게 한다고 한다.

아이들이 용돈 기입장을 기록하는 습관을 기르게 될 때 얻게 되는 효과는 생각보다 많다. 우선 이를 기록하는 과정에서 들고 나는 숫자개념을 이해할 수 있다. 자연스럽게 계산능력을 높여주고 작은 돈이라도 소중히 다루는 습관을 기를 수 있다. 반복되는 비용, 쓸데없는 지출을 알 수 있고 계획과 실제 쓰임의 차이 등을 경험으로 배울 수 있다.

용돈을 줄 때도 노동의 가치를 일깨울 수 있도록 일에 걸리는 시간과 난이도를 구분해 용돈 가격을 달리해 주도록 한다. 빨래 개기 500원, 신발정리 300원, 거실 치우기 300원 등 이처럼 시간을 들여 자신이 일한 대가로 용돈을 받는다는 개념을 일깨워 주는 것이다.

일상에서 배울 수 있는 용돈교육은 이르면 이를수록 좋은 것 같다. 동전으로 돈의 개념도 배울 수 있고 돈은 있는 만큼만 써야 한다는 메시지를 주는 것이다. 멋진 물건들을 갖고 싶더라도 네가 돈을 낼 수 있을 때에만 사야한다는 절제, 그리고 집안일을 해서 용돈을 벌거나 기다려야만 원하는 것을 가질 수 있다는 통제력도 기를 수 있다.

마크 저커버그 뿐 아니라 워런 버핏, 빌 게이츠, 샘 월튼 등 세계적인 부호들의 어린 시절엔 부모들의 철저한 경제교육이 있었다. 빌 게이츠는 자신의 자녀들에게도 아주 적은 용돈을 주고 돈이 더 필요하면 집안일을 도와 스스로 용돈을 벌게 했다. 스스로 돈을 벌 수 있는 능력, 생활력의 중요성을 미리 가르치기 위해서다.

공부나 열심히 해, 선생님 말씀 잘 들었니?, 학원에서 오늘 뭐 배웠니? 등의 흔한 질문을 하는 요즘 엄마들.
해야만 하는 것, 공부하고 시켜야 하는 것들에 밀려 이런 중요한 가르침은 뒷전으로 밀리고 있는 것은 아닌지 한번쯤 생각해 봐야할 일이다. 나의 경우 성인이 된 이후 집이 경매로 넘어간 상황에서도 우리 집의 경제사정이 어떤 상황인지 엄마는 전혀 이야기해 주지 않으셨다. 아빠는 우리가 어렸을 때부터 고혈압을 비롯한 여러 가지 합병증으로 병원에 수시로 입원하곤 하셨다. 엄마가 경제활동을 제대로 하지 못하다보니 치료비, 입원비용으로 들어가는 돈을 누군가에게 빌려야 했었고 대출을 받았다. 엄마에게 "돈이 없어서 큰일이다." 라는 말을 수시로 들었다. 그런 엄마의 신념은 나도 모르게 돈에 대한 상처로 무의식 깊이 자리 잡았다. 육아라는 시간, 내면을 돌아보고 치유와 성장이라는 길을 걷지 않았다면 내 안에 그런 상처가 자리하고 있다는 것조차 모르고 살았을 일이다. 그런 나였기에 조기 경제교육을 중히 여기고 아이들에게 가르칠 수 있는 일이었지만 아이가 그리 크는 동안 무지로 인해 그러지 못했다.

지금은 아이들이 두 개의 저금통을 관리하도록 한다. 하나는 들고 나는 용돈을 관리하고, 일 년에 두 번 성당에 기부할 수 있는 저금통을 따로 모으게 한다. 성당에 기부하면 지역 아동센터와 난민청소년 센터로 보내진다. 내가 매달 정기 후원을 하고 있는 곳이기도 하다. 2017년 4월, 내 첫 저서 〈엄마표 영어 학습법〉의 원고를 출판 계약하고 나서 어떻게 하면 감사로 충만한 내 마음을 우주에 다시 내 보낼 수 있을까 한동안 고민을 했다. 그리고 캄보디아의 한 아이와 1:1 결연을 맺고 후원을 시작했다. 그리고 작년 태국의 여자아이와 추가로 결연을 맺었고, 천주교 지역교구 아동센터에 매달 정기후원을 하고 있다. 지역 아동센터까지 오게 된 아이들의 사연, 신부님이 센터를 만들어 운영하게 된 계기를 듣고 나는 묻지도 따지지도 않고 후원 신청서를 썼다. 요즘 같은 시대에 그리 열악한 환경에서 살고 있는 아이들이 있다는 것에 크게 놀랐다. 해보지 않던 일이기에 저항이 있었다. 그럼에도 저항이 일어나는 그 일을 행해보면서 알았다. 나눈다는 것은 단순히 물질적인 것을 나누는 의미가 아니라는 것을.

캄보디아, 필리핀의 두 아이는 둘째인 찬유와 나이가 같다. 우연이지만 신기하기도 하고 내 아이들이라 생각하며 살아간다. 6

개월마다 기아대책에서 성장한 두 아이의 사진을 보내온다. 아이들이 직접 쓴 편지와 몰라보게 쑥쑥 커가는 아이들 사진을 보면서 오히려 내가 치유됨을 느낀다. 결연을 맺었던 아이가 보내온 첫 손 편지를 보고 눈물을 흘렸던 날을 기억한다. 우리 무의식은 너와 나 구분이 없기에 누군가에게 먼저 손 내미는 일은 나 자신을 채우는 일과 동일하다. 넘쳐야 나눌 수 있는 것이 아닌 가진 것 안에서 나눌 수 있는 용기를 낼 수 있을 때 결핍이 아닌 풍요로 우리 자신도 채울 수 있는 것이다. TV 거실장 위에 두 아이의 사진이 액자에 꽂혀 나란히 놓여있다.

아이들이 기부금 저금통에도 항상 돈을 모으도록 한다. 집안일을 도와 용돈을 추가로 벌도록 하고 용돈 기입장은 스스로 적게 한다. 문구점에서 쉽게 살 수 있는 용돈기입장을 활용하면 셈도 배우고 절제, 인내심까지 기를 수 있으니 일석삼조다. 초반에 기입 방법만 알려주면 어린 아이들도 충분히 할 수 있으니 용돈 교육은 바로 시작해 보시길 추천 드린다.

어렸을 때 시작하는 의도적인 조기 경제교육은 수학 문제집을 푸는 것보다, 학원 다니며 공부에 열중하는 것보다 훨씬 중요하다. 아이들은 일찍부터 경제 마인드, 돈 관리에 눈을 뜰 수 있고 경제적인 독립을 습관화 할 수 있으며 부자 지수를 높일 수 있다. 풍요로운 내면으로 삶을 바라볼 수 있도록 도와주는 것은 평생에

걸쳐 영향을 미칠 것이다. 자신의 경제, 돈에 관한 마인드는 어떤지 부모인 우리가 먼저 돌아볼 수 있다면 좋겠다.

경제교육보다
더 중요한 마인드

〈하워드 슐츠 어머니〉

오래전 지인과 이야기를 나누던 중이었다. 그 분은 저학년인 아들에게 책임감 하나만은 확실하게 가르친다고 했다. "가장이 되어서 가정을 꾸린다는 것이 얼마나 힘든 일인 줄 아니? 그러니까 남자는 항상 책임감을 느끼고 공부도 열심히 해야 돼."라는 말을 아이에게 자주 하며 책임감을 일깨워 준다고 말이다. 따지고 보면 틀린 말은 아니지만 나는 조금 더 섬세한 이야기를 해 보려고 한다. 이런 메시지는 아이들에게 자칫 잘못된 신념을 심어줄 수 있다. 우리 삶은 노력하지 않으면 살아남을 수 없는 퍽퍽하고 위험한 것임을 미리 가르치는 것이다. 이는 자신의 두려움일 수 있다는 것을 염두에 두어야 한다.

책임감을 느끼고 노력하는 것은 아주 중요한 일이지만 그 보다 중요한 '신념'이 바탕이 되어야 한다. '너는 원하는 것을 가질 수 있는 힘이 있어.'가 먼저가 되어야 하는 것이다. 상상할 수도 없는 놀라운 힘, 자신안의 잠재력을 알려주는 것이다. 우리는 누구나 가진 것, 처한 환경과 상관없이 원하는 것을 만들어내고 가질 수 있는 힘이 있다. 그런데 자신 안의 그 힘을 사용할 수 있으려면 내 안에 무한한 힘이 있음을 알아야 하지 않겠는가? 아이들에게 보이지 않는 힘과 믿음을 알려주는 것, 이것은 그 어떤 것보다도 중요하다. 절약과 저축, 돈을 관리하는 능력보다 먼저가 되어야 하는 것이 바로 이 믿음과 신념이다. 경제적인 미래를 결정하는 것은 한 사람의 능력과 스펙, 생활력에 의한 것이 아닌 돈과 부에 대한 마인드와 신념이기 때문이다.

나의 어린 시절은 매우 불행했고, 고등학교를 졸업한 이후 어린 시절보다 훨씬 더 집안이 힘들어져 상상조차 못했던 환경에서 생활했다. 내가 처한 상황과 생활환경은 '나'가 아닌데 나는 내가 가진 것이 곧 나라고 생각했다. 돈과 부에 관한 잘못된 신념은 현재와 미래를 지배한다. 어린 시절에 어떤 말을 듣고 자랐는지 어떤 환경에서 어떤 경험을 했는지에 따라 우리의 생각을 지배하게 된다. 이는 내면에 단단히 자리 잡혀 내가 어떤 생각을 하고 있는지 인식하지 못한 채 일상을 살아가며 그 생각을 현실로 창조하게 된다.

내 어린 시절을 잠깐 얘기해 보자면 내가 두 돌이 채 되기 전에 아빠는 뇌경색으로 쓰러지셨다. 엄마의 지극정성인 간호로 아빠 건강은 좋아졌다 나빠졌다를 반복했지만 어쨌든 아빠는 건강히 경제 활동을 할 수 있는 가장은 아니었다. 아빠가 일을 하지 못하게 되면서 미혼인 삼촌, 할머니 이렇게 두 분이 살고 계신 집으로 우리 5식구들이 들어가 살게 되었는데 두 분 다 알코올 중독 환자였다. 할머니가 술을 드시고 술주정이 시작되면 감당이 안 될 정도의 폭언과 폭력에 시달려야 했다. 삼촌은 알코올 중독 환자들이 입원하는 병원에서 나온 구급차에 자주 실려 가곤 했었다. 뇌경색으로 누워 있는 아빠, 알코올 중독 환자인 삼촌과 할머니 지적 장애를 가지고 있는 아픈 언니, 나는 아주 어린 꼬마시절부터 주변을 잘 살피는 어른 아이가 되었다. 언니, 아빠를 걱정했고 할머니와의 불화 때문에 보호해 주고 싶은 엄마를 늘 살폈다. 그렇게 나는 주목을 받을 수 없는 아이, 튀어서도 안 되고 모든 것을 스스로 챙기는 착하고 성숙한 아이가 되었다. 어린시기에도 그랬지만 청소년기, 그리고 성인이 된 후에도 가난과 결핍을 나 자신이라고 생각하고 살았던 것 같다. 돈이 없어 힘들어 하는 엄마, 그리고 엄마의 딸 나.

엄마와 나 같은 흙수저는 어떻게 해도 삶이 개선되지 않는다고 생각했다. 할 수만 있다면 돈이 아주 많은 부자 부모님에게서 새로 태어나고 싶다는 생각을 가끔 했을 뿐이었다. 내가 마음과 현실 창조의 관계, 끌어당김의 법칙 등을 이해하게 된 것은 육아라는 시간을 지내면서였다. 지금 내가 처한 환경과 상황, 상태는 이전에 내가 끊임없이 생각해 온 것들의 결과라는 것을 알고 난 이후의 충격은 말로 설명할 수 없을 정도로 컸다. 그리고 어둡고 긴 터널의 끝인 듯 보이는 아주 미세한 빛, 희망을 보았다. 불혹을 향해가는 나이가 되어서야 그 진실을 깨달은 것이다. 나도 행복해지고 싶다 라는 막연한 생각에서 나도 행복할 수 있구나 라고 생각이 전환되기까지 얼마나 많은 작업들을 해왔는지 모른다. 내 안에 무의식으로 자리 잡은 부정적인 신념을 끊임없이 놓아버리고 정화하는 작업이 얼마나 많은 시간과 에너지를 필요로 하는지 겪어 봤기에 알고 있다.

지금은 이해한다. 엄마의 삶도 잘못된 것이 아닌 그저 무지에서 비롯된 두려움이었다는 것을 말이다. 우리 아이들이 내가 이렇게 힘들게 깨우치게 된 것들을 어릴 때부터 알고 살아간다면 얼마나 좋겠는가?

너 자신을 믿고, 너 자신을 사랑하라.
현실은 내면에서 품었던 생각의 결과이니 마음을 긍정으로 채우고 늘 원하는 것을 마음에 그리고 살아가라.

이렇게 마음의 비밀을 일찍부터 일깨워 줄 수 있어야 한다.

하루 벌어 하루를 근근이 살아가는 동네에서 자란 한 아이가 있었다. 희망이라고는 도저히 없어 보이는 상황에서도 소년은 어머니에게 "미국에서는 누구든 꿈을 이룰 수 있다."는 말을 듣고 자랐다. 그는 훗날 세계 77개국에 2만8천여 개 매장을 거느린 최대 커피전문기업 스타벅스의 회장이 된다. 시애틀의 작은 커피프랜차이즈 스타벅스를 세계적인 기업으로 성장시킨 하워드 슐츠. 그는 지난해 6월 CEO에서 물러난 이후로 정계 진출 가능성이 거론되곤 했다.

그의 어린 시절 성장환경은 매우 열악했다. 뉴욕 브루클린 빈민가의 가난한 노동자의 아들로 태어나 정부보조 공동주택에서 생활했다. 그의 부모님은 브루클린의 노동자 가족 출신이었다. 아버지는 택시기사, 공장 노동자 등 여러 가지 일을 전전하다 트럭기사 일을 했는데 슐츠가 7살이 되던 해에 교통사고를 당하면서 집안은 점점 더 심하게 기울어져 갔다.

슐츠의 아버지는 임금을 제대로 받지 못했고 자주 걸려오는 빚 독촉 전화를 어린 슐츠가 받곤 했다. 어려운 집안의 장남인 탓에 12살 때부터 신문을 돌리고, 생계에 조금이라도 도움이 되어야 한다고 생각했다. 궂은 일도 마다하지 않고 돈을 벌어 부모님에게 드렸다.

슐츠의 어머니는 가난하고 어려운 상황에서 살림을 꾸리면서도 긍정적인 마음과 태도를 잃지 않으려고 노력했다. 고등학교도 졸업하지 못한 분이었지만 슐츠와 형제들에게 위인전을 자주 읽어 주었다. 힘든 상황에서 꿈을 이루고 성공한 사람들의 이야기를 들려주며 마음속의 명확한 꿈이 있으면 어떤 장애물이 있더라도 꿈을 이뤄낼 수 있다는 자신감을 심어주었다.

어머니는 슐츠를 꼭 대학에 보내고 싶어 했다. 대학입학으로 브루클린을 떠나는 일이 아니라면 빈민가인 그곳을 쉽사리 벗어나기 힘들겠다고 생각했기 때문이다. 큰일을 하려면 반드시 대학은 가야 한다고 아들에게 종종 말하곤 했다.

믿기 힘들만큼 힘든 상황에서도 자신의 꿈을 펼치며 성공한 사람들의 이야기를 늘 듣고 자랐던 슐츠가 아니었던가? 비록 가난으로 찌든 환경에 놓여있고 빚 독촉 전화를 수시로 받으며 아버지의 푸념과 좌절을 듣고 자랐던 그였지만 어머니가 왜 자신을 대학에 보내려고 하는지 너무 잘 알고 있었다. 그는 자신의 처지에서 어떻게 대학을 진학할 수 있을지 틈만 나면 생각을 했고, 반드시 길이 있을 거라고 믿었다. 그리고 당시 스포츠에 소질이 있고 뛰어나면 대학에 입학할 수 있었기에 미식축구에 모든 것을 걸고 매달렸다.

그리고 그렇게 어머니가 소원하던 꿈, 자신의 꿈을 현실로 만들어 낼 수 있었다. 그는 대학진학 후에도 대학을 졸업한 후에도 끊임없이 고민했다. 내가 할 수 있는 일이 무엇일까? 나는 어떤 일을 해야 할까? 스스로 끊임없이 묻고 또 물었다.

가난과 결핍으로 찌들은 빈민가의 장남 그는 그렇게 세계의 커피시장을 장악하고 전진 또 전진했다. 2009년 포춘지가 선정한 세계를 빛낸 5대 CEO 중 한 명, 그리고 타임지가 선정한 세계에서 가장 영향력 있는 100인 중의 한명으로 선정될 만큼 세계적인 인물이 되었다.

그는 한 인터뷰에서 "나의 자존감은 어머니로부터 나왔다."고 했다. 어려운 환경에서도 아이들은 조금 더 나은 곳으로 가길, 조금 더 나은 사람이 되길 바라며 꿈에 대한 간절함과 도전정신을 잃지 않도록 도와준 어머니의 마음과 교육관의 영향이 아닐까? 녹록치 않은 환경에서 자라며 스스로 모든 선택과 추진력으로 살아내야 했던 하워드 슐츠, 그의 삶 안에 있던 이 모든 것이 원동력이 되어 세계 최대 커피 전문점 스타벅스의 최고 경영자의 삶으로 이어지지 않았을까 생각해 본다.

어린 시절에 형성된 무의식이 한 사람의 삶을 좌우한다.

가난한 사람은 부자가 될 수 없어, 상황이 좋지 않을 날을 대비해 미리 저축해야 해, 나중에 밥벌이를 제대로 하려면 공부해야지, 땅을 파봐라 돈이 나오나 등 두려움에서 비롯된 결핍의 메시지를 우리는 항상 듣고 자랐다. 전쟁을 경험하고 나라의 큰 과도기를 거치며 살아오신 우리 부모님들이 우리에게 주신 메시지다. 그런데 지금도 우리는 부모세대와 같은 이야기를 하며 학습으로 몰아붙이고 공부밖에 모르는 아이들로 키우고 있는 것은 아닌지 부모인 나 자신의 마인드를 한 번쯤 돌아봐야 할 일이다.

아이들에게 주어야 할 가장 우선의 가치는 '대비해야 해.'가 아니라 '원하는 것은 무엇이든 가질 수 있어.'다. 마음 안에 꿈이 명확하고 믿음으로 나아가면 무엇이든 이룰 수 있다는 우주의 무한함과 관대함, 이것이 진실임을 알려 줄 수 있어야 한다. 진실은 우리가 알아차리든 인식하지 못하든 언제나 그렇게 존재한다. 원하는 것을 상상하고 마음 안에서 그 꿈을 잃어버리지 않도록 자신을 컨트롤 할 수 있는 능력. 이런 것들을 주어야 하지 않을까? 누구에게나 무한한 힘 신성은 주어졌다. 자신 안에 있는 무한한 힘을 믿고 이를 어떻게 사용할 수 있도록 도와주느냐 이것이 가장 중요한 일이다.

부모가 먼저
몸소 실천하기
〈고홍주 어머니 전혜성 여사〉

미국 법무부 법률자문관, 영국 옥스퍼드대학교 교환교수, 미국 예일대학교 법과대학 교수, 예일대학교 법과대학원 학장, 미국 국무부 법률고문, 한 사람의 이력이다. 화려한 이력을 가지고 있는 예일대학교 로스쿨 고홍주 교수, 그의 어머니가 전 예일대 교수 전혜성 박사다.

고홍주 교수의 6형제들과 그의 어머니 전혜성 박사, 부친 고광림 박사까지 이들 가족은 모두 하버드대와 예일대 출신으로, 가족 여덟 명이 취득한 박사학위만 해도 11개가 넘는다. 중앙대학교 교수, 보스톤대 의대교수, 메사추세츠 의대교수, 한국인 최초로 예일대 법대 석좌교수, 보스턴 뮤지엄대 미술과 MFA학위, 하버드대 법학 박사 등이 이들 형제가 가진 직업과 이력이다. 엘리트 6남매와 박사 부부, 이렇다 보니 미국 교육부는 전 박사 가족을 '동양계 미국인 가정교육 연구대상'으로 선정하기도 했다.

오래 전, 하윤이가 초등학교 입학하기도 전이었던 것 같다. 한 중고매장에서 〈섬기는 부모가 자녀를 큰 사람으로 키운다〉라는 책을 구입했었다. 중고 책을 구입할 때만 해도 이미 그 책은 아주 오래 전 출간된 책이었다. 1929년 출생, 동암 문화연구소 이사장 돌아가신 아빠가 39년생이신데 그보다 10년 전에 출생하신 분, 한국전쟁이 나기도 전에 학업을 위해 미국 유학을 떠났던 전 박사는 한국 여성으로서는 두 번째로 미국에서 박사학위를 받은 인물이기도 하다. 정말 놀랍다는 말로밖엔 표현이 안 될 정도다. 당시 초보 엄마였던 내가 그 책을 보았을 때 그냥, 어려운 성경처럼만 느껴졌다.

전혜성 박사님은 당시 미국 생활을 할 때 청소, 빨래, 반찬 만들기, 아이들 젖 물리기, 목욕시키기, 책 읽어주기 등 육아, 집안일을 하며 학업을 병행했다. 6남매를 키우면서 말이다. 아기들 봐주는 학생들을 고용해 아이들을 맡기고 보스턴 대학으로 통학을 했고 집으로 돌아오면 남편이 학교에 가서 먹을 도시락을 준비했다. 남편이 공부를 마치고 돌아오면 밤참을 준비하는 것도 모두 박사님의 몫이었다. 그야말로 '헌신'이라는 단어만 떠오른다.

고홍주 교수님이 쓴 어머니 전상서 라는 글 중에
"아버지는 작은 섬 출신이고 그 아들은 미국 예일대학교 로스
쿨 학장을 맡고 있습니다. 한 세대 만에 일어난 일입니다. 어머
니가 그러셨죠? 얼마나 가치 있는 일이냐고. 그 가치는 인간성과
조화를 이루어야 하는 것이라고. 교육, 가족, 민주주의, 법치는
이러한 조화에서 나오는 것이라고요. 그 가치의 원동력은 어머니
와 아버지였고 형제자매였습니다. 다 열심히 하는데 혼자 게으름
을 피울 수 없는 일이니까요. 무엇보다 전혜성 박사, 어머니가 몸
소 보여주셨지요. "재능이 덕을 앞서가서는 안 된다."라고 어머
니는 늘 말씀하셨지요. 중요한 것은 전통적인 가치관과 근면한
태도, 그 가치를 열심히 추구하는 태도, 똑똑함 보다는 인간적인
면모라고. 지금의 저는 가족의 열정과 교육의 힘 덕분입니다." 라
는 구절이 있다.

전혜성 박사님의 저서 〈엘리트 보다는 사람이 되어라〉의 제목
도 '재능이 덕을 앞서가서는 안 된다.'의 모토에서 나온 것이 아
닌가 싶다. 덕을 앞세우는 가치관, 6형제들에게 가장 강조한 것이
바로 이 덕목이다. 요즘처럼 내 아이 잘 키우는 일 외에 여념없는,
어떻게 아이들을 가르칠까 일찍부터 치맛바람 정보바람을 일으키
고 다니는 젊은 엄마들이 염두에 두어야 할 조언인 것이다. 〈재주
가 덕을 앞서서는 안 된다〉 탁월한 재능을 가졌다 해도 인성이 부
족한 이들이 많다는 점에서 나온 메시지가 아닌가 싶다. 이는 전

혜성 박사님의 친정어머니가 특히 몸소 실천하며 박사님께 가르치신 교훈이었다. 이 큰 가르침은 결국 3대의 교훈이 되고, 박사님의 자녀들이 교수가 되어 강단에서 미국의 학생들에게까지 전하는 귀한 메아리가 된다. 존경하는 그 분의 삶, 교육 철학 중 여러분들과 나누고 싶은 교육방식을 몇 가지 소개 해 보겠다.

▶ 아버지의 존재감

가정에서 아버지의 권위가 서는 것은 매우 중요하다고 강조한다. 이는 강압적인 권위를 이야기하는 것이 아니다. 특히 아내인 내가 먼저 남편을 존중할 수 있어야 한다. 아이들이 어릴 때는 표시가 잘 나지 않지만 점차 성장하면서 어머니의 무의식을 그대로 닮아간다. 아내가 남편을 무시하거나 무의식의 경멸이 있으면 아이들도 엄마의 그 마음대로 성장하게 되는 것이다. 아이들이 성장할수록 유대가 없는 사이로 점점 멀어질 수 있고 아빠의 권위를 모르고 무시하는 경우가 생길 수 있으니 어릴 때부터 아버지와 남편의 자리를 존중해 줄 수 있어야 한다. 의도적으로 자신의 내면을 돌아보고 점검하지 않으면 잘 인식하지 못하니 언제나 성찰하려는 노력이 필요하다.

▶ 책 읽고 공부하는 환경 조성

책상을 여러 군데 많이 비치해 두어 어디에 앉더라도 자연스럽게 책을 펼치고 공부하는 자리가 될 수 있도록 꾸몄다. 일주일에 단 하루, 금요일 저녁에만 TV보는 시간을 허용했다. 형제들이 워낙 많고 대가족이라 규칙과 균형 잡힌 일상을 살지 않으면 통제가 되지 않았다. 여섯 아이를 키우며 고학생 생활과 살림까지 모두 해 내야 했던 전 박사님은 부모가 먼저 규칙적인 생활을 하고 자연스럽게 아이들이 따르도록 했다. 지하실에 공부하고 책을 읽는 공간을 마련해 그 공간은 형제들 뿐 아니라 이웃 아이들도 함께 이용할 수 있는 도서관처럼 사용되었다.

▶ 식사 시간을 대화의 장으로

일주일에 한 번씩 가족회의를 열고 아침 식사는 반드시 온 가족이 모여 함께 했다. 식사를 하면서 가족의 소소한 일상과 뉴스를 나누며 대화의 시간을 가졌다. 내 경험으로 볼 때 이는 너무도 중요한 부분이라 생각한다. 남편의 퇴근 시간이 워낙 늦다 보니 아이들이 어릴 때부터 식사를 모여 하는 습관이 들지 않았다. 아이들은 책이나 DVD를 보며 밥을 먹는 것이 습관이 되었고, 대화 없이 각자 책이나 영상을 보며 식사를 하고 있다는 것을 어느 날 문득 깨달았다. 이후 되도록 함께 모여 식사하려고 노력했고 식사시간에는 책이나 휴대폰, 영상 보는 일들은 자제한다. 우리 가족은 매년 거르지 않고 1~2번 정도 해외여행을 한다. 보통 일주일 정도 머무르다 오는데 리조트 안 식당에서 외국인들을 관찰해 보면 휴대폰을 만지며 식사를 하는 이들은 거의 아니 전혀 없다. 매우 신기할 정도로. 유독 한국인 여행객들만 아이들에게 휴대폰

영상을 보여 주며 식사를 하는 모습이 눈에 띠어 남편과 그런 이야기를 나눈 적이 있다. 식사시간만큼은 책도 영상도 모두 내려 놓고 대화를 나누는 장으로 삼으면 좋겠다. 아이들이 어릴 때부터 습관을 들이면 좋다.

▶ 아이들에게 물려줄 최고의 가치는 감사

만족감은 곧 행복이다. 아이들에게 남겨주어야 할 것은 유산이 아닌 감사하는 마음이다. 감사하는 마음을 습관화하고 지나간 과거가 아닌 현재에 집중하며 순간의 소중함을 느낄 수 있도록 해주는 것은 아이들에게 줄 수 있는 최고의 유산이 될 것이다. 가진 것에 만족하지 못하고 늘 무언가를 추구하며 살아간다면 그것만큼 불행한 일도 없다. 본질적인 가치가 빠진 성과와 성취는 잠깐의 쾌감과 즐거움을 줄 뿐이다. 더 나은 성과를 원하고 더 높이 올라가지만 또 나는 무얼 바라고 원해야 하며 내가 왜 높이 올라가는지도 모르는 이들, 그들에게 그 성취가 무슨 의미가 있겠는가? 만약 부모가 이를 알아차리지 못하고 목표와 성과에만 집중한다면 아이에게도 그런 마인드는 고스란히 베어들게 되어있다. 이미 충분히 가지고 있는 것, 누리고 있는 것에 감사하지 못하는 것이 바로 우리 삶이 평온하지 못한 이유다. 우울증, 강박, 불안이 일상이었던 이전의 나, 그리고 그때와 전혀 다른 삶을 살고 있는 요즘.

커피 한잔을 마시면서도 행복과 충만함이 가슴 밑에서 차올라

절로 감사한 마음이 올라온다. 치유하고 성장하겠다고 많은 돈도 들이고 원하는 것을 찾아 헤매고 다녔지만 단언컨대 나를 폭발적으로 성장하게 만든 단 하나의 포인트, 키워드를 찾는다면 나는 감사라고 말하겠다.

우리가 그렇게 말하고 또 말하는 끌어당김의 법칙, 시크릿? 시크릿의 시크릿이 바로 '감사'다. 이는 실천해 보지 않으면 절대 이 안에 숨겨진 비밀을 발견할 수 없다. 하루에 수만 가지 들고 나는 생각 중에 얼마나 많은 부정적인 생각이 꼬리에 꼬리를 무는지 알아차린다면 크게 놀랄 것이다. 생각이라는 것이 원래 내가 생각하고 있다는 것조차 모르게 찾아와 그렇게 내 에너지를 잠식한다. 내 안에 있는 생각들, 오랜 시간동안 가지고 있던 익숙한 부정적인 생각들을 알아차리려면 의도적으로 깨어 있으려 항상 노력해야한다. 누군가에게 화살을 돌리고 싶은 익숙한 행동 패턴을 알아차리고 그 익숙함을 떠나보내야 하는 것이다. 삶에 기적이 필요한가? 다른 삶을 살고 싶다면 정말 그리 원한다면 간절한 만큼 자신을 돌아보고 감사하라. 이 자리에서 내가 가진 것에, 내가 얼마나 많은 것들을 누리고 있는지 인식하지 못하고 결핍에만 집중하고 살아가는지 알아차리자. 닥치고 감사, 닥치고 사랑 이라는 글을 나는 자주 쓴다. 가진 것이 없다고 나는 특별하다고 내가 피해자라고 피해자 코스프레를 하고 싶거나 그 익숙함을 놓을 수 없다는 것은 익숙한 삶, 익숙한 불평을 떠나보내고 싶지 않은, 변하고 싶지 않은 그저 핑계일 뿐이다.

아이들은 부모의 에너지를 느끼고 그 에너지를 보며 닮아가고 배운다. 엄마가 살아가는 모습을 아이들은 지켜보는 것이다. 우리가 말로 어떤 것을 전하고 가르치는 것보다 내가 살아가는 모습, 삶을 대하는 자세와 태도는 훨씬 더 많은 것을 전달한다. 그래도 그 익숙함을, 그 불길을 계속 안고 살아갈 것인가? 선택할 수 있다. 매일 감사한 것들을 소소한 것에서 찾고 조금 더 사소한 것에 감사해보시길.

우리가 바라고 추구하는 그런 삶은 바로 그 곳에서 나올 것이며 그 자리에 기적이 있다. 아이들이 이런 시크릿을 어릴 적부터 알고 살아간다면 그보다 더 중하고 좋은 것이 무엇이겠는가?

고홍주 교수님이 '어머니가 몸소 보여주셨지요.' 라고 쓰신 어머니 전상서의 글처럼, 그리고 전혜성 박사님의 친정어머니가 재주가 덕을 앞서서는 안 된다 는 교훈을 자녀들에게 몸소 실천하며 가르치신 것처럼 우리가 먼저 늘 자신을 돌아보고 깨어있어야 한다.

아이들이
나를 만들도록 하라
〈김용 어머니 전옥숙 여사〉

지금까지 이 책을 읽어 내려오신 분들은 이쯤에서 이런 생각을 하실 수 있다. 아니 왜 처음부터 계속 비슷한 얘기야? 그래서 구체적으로 뭘 어떻게 해야 된다는 건데?? 또 한편으론 처음부터 지금까지 격한 공감으로 고개를 끄덕이며 읽어내려 오신 분들도 있으리라.

삶을 변화시키고 개선하고 싶다면 외부가 아닌 자신에게 초점을 맞추는 법을 배워야 한다. 저항이 올라오고 귀에 거슬리는 말처럼 들릴 수도 있겠다. 그런데 어쩌겠는가? 그것이 최선이자 유일한 방법인 것을. 우리 무의식에선 변하고 싶지 않은 마음, 먼저 손 내밀고 싶지 않은 마음이 나도 모르게 작동하기에 의식으로는 그리 해야 한다는 것을 알지만 선택하기 쉽지 않은 것이다. 누군가에게 돌리고 싶은 포인트를 나로 돌려 관점을 전환한다는 것은 익숙한 습으로 해오던 패턴(남 탓, 투사, 불평, 분노 등)을 더 이상 할 수 없다는 의미다. 이에 대한 저항과 상실감이 실로 엄청나기에 변화라는 것이 그렇게도 어렵다.

감사하는 마음, 나에게 있는 것에 집중하는 것보다 더 먼저 되어야 하는 일은 불평과 불만을 멈추는 일이다. 게임하는 아이를 지켜보기 힘든 것, 큰 아이에게만 화와 분노가 올라오는 것, 남편에 대한 화, 시댁식구들과의 불화 등 많은 분들이 다양한 고민을 블로그 댓글로 질문해 주신다. 많은 분들과 함께 공유하고 다루어보면 좋겠다고 생각되는 부분은 녹화해서 답변 영상을 유튜브에 업로드 한다. 내가 쓰는 글, 그리고 유튜브 영상에서 하는 말들에 여러분들이 많은 공감을 해 주신다. "작가님 오늘 저의 일상을 지켜보신 것처럼 말씀하세요.", "요즘 힘들어하고 있는 부분이었는데 저의 마음에 들어오셨던 것 같아요."라고 말씀하시는 이유는 무엇일까? 나는 어떻게 여러분들의 마음을 꿰뚫어 볼 수 있는 걸까? 바로 내가 모두 경험했던 일들이기 때문이다. 불편한 내 감정을 스스로 처리하지 못해 아이들에게 던져 버리고 내 감정을 아이의 탓으로 돌렸다. 남편에 대한 못마땅함을 나 자신을 돌아보지 못하고 상대의 허점으로만 바라보며 경멸하던 그 시기, 그 시기의 내가 어땠는지 어떤 불같은 감정에 휩싸였는지 하나하나 모두 기억하고 있기 때문이다.

　삶이 평온하지 못한 원인은 그들, 남편, 아이, 시댁, 상황이 아니었다. 현실에 만족하지 못하는 이유가 외부의 어떤 것이라고 생각한다면 우리가 바꿀 수 있는 것은 어떤 것도 없다. 불평과 불만을 멈추고 이 불만의 근원은 나의 어느 지점에서 나오는 것일까? 라고 스스로에게 물을 수 있어야 한다. 내면에 그런 불필요한 부정이 잔뜩 쌓여 진실을 보지 못하게 하고 찰나로 스쳐 지나가는 현재를 살 수 없게 한다. 그렇기에 자신의 부정적인 내면을 계속 알아차리고 흘려버려야 하는 것이다. 알아차리는 것(자각)이 되면 순간 에너지는 다르게 흘러가게 되어있다.

　내 딸 하윤이가 3학년 때의 일이다. 나는 당시에 정기적으로 어깨통증에 시달리곤 했었다. 지금 생각하면 극심한 일상의 스트레스와 운동 부족, 어깨를 유난히 움츠리고 다니는 습관 때문이었다. '아프다, 또 어깨가 아프다'에 늘 초점을 맞추다보니 짜증과 스트레스는 날로 늘어만 갔다. 마음에 이런 부정을 담고 있으니 몸은 자연스럽게 균형이 깨지고 여기저기 아플 수밖에 없었다. 잠시 좋아졌다가 또 다시 몸의 통증으로 이어지는 악순환을 반복하게 된다. 그 날은 저 멀리 노트북 앞에서 뭘 하고 있는 아이에게 엄마 어깨가 너무 아프니 와서 좀 주물러 달라고 말했다. 몇 번을 말해도 아이가 듣지 않자 내 목소리는 점점 더 커졌고 급기

야 아이의 "싫어"라는 한.마.디.에

....

나는 폭발하고 말았다. 꾹꾹 눌러왔던 그 억누르던 것들을 밖으로 꺼내 터트려 버리는 '순간' 그 때가 얼마나 위험하고 끔찍이도 마주하고 싶지 않은 순간인지 아마 아실 것이다. 제어가 안 될 정도로 미친 듯이 아이에게 소리를 지르며 분노를 표현하고 있던 그 때, 낮잠을 자고 있던 남편의 내면아이도 반응을 했다. 남편은 자다가 누군가의 큰 소리에 깜짝 놀라서 깨면 비이성적으로 화를 내곤 한다. 이는 어린 시절 시아버님과의 기억 때문이다. (잠자고 있던 어린 아이(남편)에게 갑자기 불같이 화를 내며 큰 소리로 깨우곤 하셨던)

이 불똥은 고스란히 아이에게 튀었다. 사실 남편은 아이에게 화가 난 것이 아니었다. 아이에게 소리를 지르는 내 목소리에 어릴 적 상처와 내면아이가 놀라 화가 났다. 그런데 아이에게 엄마 말을 듣지 않는다며 무섭게 화를 내고 야단 쳤다. 순간 모든 것이 엉망이었다. 좀처럼 울지 않는 아이는 울음을 터트렸고 나는 이 사태를 어떻게 수습해야할지 몰랐다. 남편에게 큰 소리로 놀라게 해서 미안하다고 해야 하나? 아이에게 달려가 엄마 때문에 아빠한테까지 혼나게 해서 미안하다고 해야 하나? 아님 계속 아이 탓을 하면서 네가 엄마 말을 안 들으니까 이런 사단이 나지 않느냐고 아이에게 모든 책임을 돌려야 하나?.............. 머릿속은 모두 엉켜버린 느낌이었다. 이런 두 번 다시 겪고 싶지 않은 체험, 아이를 키우다 보면 일상에서 자주 만나게 되는 그런 순간들이다.

아이에게 가고 싶지 않은 저항으로 똘똘 뭉친 내 마음을 먼저 추스르고 아이에게 가 놀라게 해서 미안하다고 사과했다. 나는 인정해야 했다. 내 말에 바로 반응하지 않는 아이를 보면서 나를 무시하네? 라는 생각으로 순간 분노가 올라왔고 마음 안에 꽉 들어차 있는 부정이 한 순간 아이를 향해 터져 나온 것임을 인정했다. 그리고 남편의 행동은 아이와 나에 대한 화를 표출하고 있는 것이 아닌 그저 어릴 적 경험과 기억으로 인한 자동적 반응임을 받아들였다.

아이에게 가고 싶지 않은 저항으로 똘똘 뭉친 내 마음을 먼저 추스르고 아이에게 가 놀라게 해서 미안하다고 사과했다. ← 이는 정말 쉽지 않은 일이다. 이 엄청나게 커져 버린 사태의 초점을 나로 돌린 후

나는 인정해야 했다. ← 내가 인정해야 했으니 얼마나 저항이 많고 용기가 필요한 일인가? 우리는 보통 이런 상황에서 미숙하고 방어적인 태도를 보인 나 자신을 인정하고 싶지 않다. 그렇기에 "그러니까 네가 엄마 말을 들었으면." 이라는 말이 나오게 되는 거다.

이런 식으로 나는 육아라는 시간 안에서 경험을 통해 끊임없이 나의 작음과 미숙함을 받아들였다. 일상에서 찾아오는 불편한 감정을 만나는 순간들을 일종의 '사인'으로 받아들였다. 아이가 이

상하리만큼 되풀이 하는 말에서 힌트를 찾아보려했다. 내 어린 시절과 연관지어 생각해 보려고 애썼다. 하윤이가 나에게 수도 없이 되풀이 하는 말 "안아줘.", "심심해 놀아줘.", "엄마 맛있는 거." 라는 말속에 어린 지민이가 엄마에게 전하고 싶었던 마음이 들어있었다. 찬유가 "미안해 해."라고 지겹도록 하는 말은 '엄마 미안하다고 말해.'라고 내가 어릴 적 엄마에게 하고 싶던 말이다. 언니나 동생이 잘못을 하면 내 잘못도 아닌데 손바닥을 비벼가며 엄마에게 "내가 잘못했다."고 말하던 어린 시절의 내 상처였음을 아이는 다시 기억하도록 해 주었다. 나도 이를 알아차린 것은 얼마 되지 않은 일이다. 아이의 말 속에, 불편한 행동 속에 상처가되어 억압된 나의 무의식이 감추어져 있다는 것을 머리로는 알고 있었다. 그런데 아이들이 행동으로 말로 비춰주는 것들과 나의 내면을 매치해 스스로 알아 차리기는 좀처럼 쉽지 않은 일이다. 자각이 들 때마다 아프기도 하고, 나 자신에게 연민이 올라오기도 한다. 치유천사, 힐러인 아이들에게 고마운 마음에 순간 가슴이 저릿해 질 때도 있다.

아이들이 아니었다면 이렇게 내면 깊은 곳을 들여다 볼 기회가 있었을까? 다시 보고 싶지 않은 과거를 정리하기 위해 나의 그림자, 어두운 터널로 다시 들어갈 용기를 낼 수 있었을까? 아이들이 아니었다면 내 안에 어떤 상처와 아픔을 안고 지금까지 살아왔는지 알 수도 없었을 뿐 아니라 내가 지금껏 알게 된 의식적인 모든 것들, 내면과 심리적인 것들을 깨우칠 수 없었을 거다. 우리가 이 지구별에 와 이 모든 체험을 하고 있는 본질적인 이유, 그리고 나 자신 뿐 아니라 어느 누구에게나 있는 신성과 사랑을 볼 수 있는 눈을 가지게 된 것 또한 모두 육아라는 시간 안에서 깨닫게 된 것들이다. 아이들은 우리에게 이 모든 것들을 알려주려고 우리를 선택해 우리에게 왔다.

아시아계 최초의 아이비리그 총장(다트머스대)에 이어 세계은행 수장이 된 김용 총재, 봉사와 헌신에 삶의 가치를 둔 인성으로 화제가 된 그는 어머니의 가정교육이 오늘의 나를 만들었다고 말한다. 그가 오늘날 이처럼 글로벌 리더로 성장하게 된 배경에는 부모의 남다른 교육관이 자리하고 있다. 자랑스러운 한국인 김용 총재와 세계의 수장을 키워낸 어머니의 교육철학 이야기를 나눠보자.

김용 총재는 5세 때 미국으로 이민을 가 미국 시민권자다. 브라운 대학교에서 생물학 학사를, 하버드 대학교에서 의학박사와 인류학 박사 학위를 받았다. 세계보건기구(WHO)에서 에이즈 국장을 맡았고, 2009년 한국계 최초로 아이비리그 대학 중 하나인 다트머스대 총장을 지냈다. 어머니 전옥숙 여사는 경기여고를 수석 졸업하고 미국으로 건너가 석사, 박사학위를 받는다. 철학 박사이며 미국 UCLA 교수로 재직했다. 어머니는 봉사와 헌신에 기반을 둔 인성교육을 매우 중시했다. 〈나 자신은 누구인가? 나는 세상에 무엇을 줄 수 있는가?〉 등의 철학적 질문을 통해 아이들이 자유롭게 사고하고 표현할 수 있도록 대화를 습관화 했다. 김용 총재님은 "가족들은 항상 저녁 식사 자리에서 철학과 정치 그리고 예술에 대해 토론했다"고 다트머스대 기고문에 기록하셨다. 식사자리는 가족간의 대화의 장이었던 것이다. 어머니는 세 아이의 물음에 대답하는 것도 바빠 **아이들에게 무언가 주입할 시간조차 없었다고 말한다.**

'1등보다는 세상에 기여하고 위대한 것에 도전하라'고 가르치며 마틴 루터 킹의 연설이나 부커 워싱턴의 〈노예제도로부터 몸을 일으켜〉란 책을 읽혔고 간디 이야기를 들려주곤 했다.

어떤 어머니가 되려고 노력했는지 묻는 한 인터뷰의 질문에서 어머니는 이렇게 대답하였다.

〈아이와 엄마는 함께 커요. 아이들이 저를 더 현명하고 사려 깊은 사람으로 만들죠. 엄마들은 모든 것을 잘할 필요도, 세상에서 가장 현명할 필요도 없어요. **아이들을 만들려고 하지 말고, 아이들이 당신을 만들도록 해야 해요.** 큰 사랑을 하려면 아이의 반응에 늘 주의를 기울여야 하고요. 아이들이 하는 반응에 집중하는 데도 시간이 모자라요. 우리는 아이를 낳을 때마다 기적을 경험합니다. **아기는 태어나면서 이미 완성된 존재에요.**〉

어머니는 '**아이를 내 틀에 맞추려고 하지 마라**'고 강조하며 아이들에게 부모가 '이렇게 가라, 저렇게 가라' 하는 것은 인간성에 대한 큰 범죄라고 생각한다고 말했다. 이렇게 책임감을 중요시했지만 원하는 것을 자유롭게 할 수 있는 자율을 주었다.

아이들 문제에 있어서는 모든 것이 불안하고 무엇을 어떻게 가르쳐야 할까 고민하는 우리들에게 근본적인 교육의 의미를 전하는 메시지라 생각한다. 무엇을 언제부터 어떻게 가르칠까 하는 식의 생각은 너무나 표면적인 의미인 것이다. 누구나 육아라는 시간의 경험은 처음 마주하며 모든 것이 낯설고 선택에 대한 두려움이 찾아오는 것은 당연하다. 그럼에도 불구하고 믿고 나아가는 것만이 그것이 진실임을 확인할 수 있는 길이다.

내 아이는 이미 완전하게 완성된 존재라는 것을 믿고 아이를 대할 것인지, 부족하니 이런저런 것들로 채워야만 하는 존재로 아이를 바라볼 것인가의 선택은 우리의 몫이다. 육아 13년, 그 시간을 돌이켜 보면 나는 매일 매순간 낯선 상황과 감정으로 힘들어했고 선택의 기로에서 두려웠다. 그럼에도 그 길을 걸으면서 나는 점진적으로 성장했고 불필요한 부정적인 것들을 놓아 버릴 수 있었다. 배려깊은 사랑, 조건 없는 사랑에 나의 의식이 눈을 뜨고 난 후 걸어왔던 그 한걸음 한걸음이 결국, 이전에는 상상조차 하지 못했던 저 너머에 나를 데려다 놓았다.

이처럼 아이와 함께 하는 모든 시간은 성장의 길이다. 전옥숙 박사님 말씀처럼 아이를 만들려고 하지 말고 아이들이 주는 메시지에 귀 기울이려 노력했을 때, 붙잡고자 하는 모든 것을 내려놓고 흘려버릴 때 역설적으로 우리가 추구하고 원하는 모든 것들을 가질 수 있다. 나의 작음, 부족함을 받아들이고 인정하는 것이 곧 내면을 정화하는 작업이자, 치유의 시작점이다. 우리에게 잠시 맡겨진 아이들과 함께 성장하는 것, 그저 이 길을 함께 걸어가는 것이 양육의 전부이자 모든 것이다. 지난하고 힘든 수행과도 같은 이 길을 걸으면서 그 속에 담겨진 보이지 않는 의미를 볼 수 있는 마음의 눈을 뜰 수 있다면 더할 나위 없는 축복일 것이다.

앞서 말한 아이와 부딪치는 원치 않는 순간, 불편한 상황과 감정을 마주하게 되는 모든 순간들은 온전하며 필수불가결함이다. 나는 그런 시간들을 마주하며 많은 것들을 내려놓을 수 있었고, 의식이 점차 성장할 수 있었다. 아이들과 좀 더 많은 시간을 함께 하고 더 많은 대화를 나누며 그들을 통해 자신의 내면을 돌아볼 수 있는 용기, 단순하고 소박해 보이지만 여러분께 드리고 싶은 정말 귀한 가치다.

총재님은 임기가 끝나는 2022년보다 3년 이상 남은 시점에서 사임의사를 밝히고 지난 2월 1일 총재직을 사임했다. 지난 2016년 9월 연임에 성공해 첫 임기가 끝나는 2017년 7월1일부터 5년 임기를 새로 시작한 상태였다. 갑작스런 사임을 두고는 도널드 트럼프 미국 대통령과의 불편한 관계가 배경의 하나로 거론되었다. 정확한 이유야 알 수 없지만 그저 가시는 길, 행보에 지금까지와 같이 봉사와 헌신에 기반을 둔 리더로서 선한 영향력을 전파할 것이라 믿어 의심치 않는다.

하심(下心)하고
배려하라

〈반기문 어머니 신현순 여사〉

　반기문 전 사무총장님의 어머니에 대해 자료를 조사하는 중 총장님의 모친상에 대한 기사를 보게 되었다. 돌아가셨구나. 하고 생각했다. 하윤이가 초등학교 입학 전, 열심히 챙겨보았던 어머니傳 이라는 프로그램이 있었다. 그 때 반기문 유엔 사무총장님의 어머니 편을 보고 감동을 받았던 것이 벌써 6~7년 전이라니 놀랍기도 하다.

　아이가 초등학교에 입학하기 전 가르치고 있던 모든 사교육을 그만두고 너무 불안했다. 아이 친구들 집에 가보니 아이의 책상에 마치 중고등학교 학생의 책상처럼 온갖 문제집이 가득했었다. 사교육을 전혀 하지 않는 아이, 그런데 문제집은 풀려야 하나?

라는 의문을 가지고도 정말 힘들어 하던 나였다. 알려주는 사람
도 없었고 이런 고민을 함께 나눌 사람도 없었다. 내가 추구하는
교육방식을 지적하고 그들의 방식대로 나를 설득하려고 하는 사
람들이 있었지 나와 같은 생각을 하고 내 생각을 지지해 주는 이
는 전혀 없었다. 가보지 않은 길, 너무 불안했기에 할 수 있는 일
이라곤 내 생각을 지지해주는 책을 찾아 읽는 일, 미친 듯이 다큐
를 찾아보는 일 밖에 없었다. 당시 나는 '사교육 끊고 잠수 탄 엄
마'였기에 흔들릴 여지도 없었다. 최고라 불리는 인재들의 숨은
성장기와 그들 어머니의 삶과 교육철학을 열심히 찾아볼수록 정
말 놀라웠다. 흔한 요즘 엄마들의 그런 교육방식과는 전혀 달랐
다. 특히나 세계적인 명성의 리더들은 단순히 학업에만 우수한
것이 아니었다. 그들의 어머니는 나눔, 봉사, 이타심, 사회에의
공헌 등의 인성교육을 특별히 강조했다는 공통점이 있었다.

반 전 총장의 어머니는 장남에 대한 애정과 신뢰가 남달랐다.
그리고 자식들에게 무언가를 하라고 지시하기보다 스스로 알아
서 하도록 자율을 주었다. 어머니는 넉넉하지 않은 형편이었지만
아이들을 위해 책을 사는 데는 돈을 아끼지 않았다. 공부하라 소
리는 하지 않았고 오히려 좀 자거라, 자거라 하고 어머니가 늘 말
씀하셨을 정도로 스스로 좋아서 공부를 했다고 한다. 워낙 공부
를 잘하던 장남이라 부모님은 아들이 의사가 되기를 원했지만 영
어에 푹 빠져 외교관이 꿈이라고 하는 아들의 이야기를 듣고 나

서는 믿음으로 지지해 주었다.

반 전 총장은 '적'이 없다고 한다. 인도에서 첫 외교관 임무를 수행하면서도 겸손부터 배우셨다고 한다. 늘 아랫사람을 보살피는 온화한 성품으로 모시기 좋은 상사, 존경하는 상사로 통했다. 아랫사람을 배려하고 섬기는 성품은 세계의 대통령이라 불리는 UN사무총장 임무를 수행할 때에도 도움이 되었다. 이는 어릴 때부터 어머니께 늘 듣고 자란 가르침 덕분이었으리라.

착하게 살아라.
남을 배려하는 마음을 가져라. 배려는 곧 자신을 높이는 길이다.

어머니가 공부하란 말보다 훨씬 더 중하게 여기고 아이들에게 들려주던 가르침이었다. 자신보다 낮은 사람을 돌볼 줄 아는 사람이 되라고 아이들에게 가르쳤던 어머니. 학생 기문은 자신보다 가난한 집 아이가 도시락을 싸오지 못하면 자신의 도시락을 나누어 먹었고, 학업성적이 많이 뒤처지는 친구들을 위해 방과 후에 남아서 친구들의 공부를 도와주기도 했다.

늘 낮은 자세로, 조용하면서도 따뜻한 카리스마로 사람과의 인연을 쌓아 나갔고 2006년 그는 세계의 대통령 유엔 사무총장이 된다. 올해로 76세, 2년 전 돌아가신 친정 엄마와 연세가 같으시다. 전쟁을 경험하신 분들, 사람은 저마다의 인생이 있고 누구나 다른 삶을 살지만 그 당시의 시대배경, 녹록치 않았던 그들의 삶을 알고 있기에 더 대단하시다는 생각을 한다. 하물며 총장님의 어머니 세대에서 아이들을 키우며 남을 생각하고 베푸는 삶, 겸손과 배려를 가르친 점에 대해 아이를 키우는 엄마로서 깊은 존경의 마음이 든다.

쌀 저장고를 하던 부모님의 상황이 힘들어지기 시작하면서 기문이 중학교 고등학교를 다닐 때까지 집안 형편은 말도 못하게 어려웠다. 그 당시, 그런 형편에 조기교육이나 변변한 사교육이라도 받을 수 있었을까? 그럼에도 충주고등학교- 서울대학교 외교학 학사- 하버드대학교 케네디행정대학원 석사학위를 받았다. 이후에도 이어지는 화려한 학력과 경력, 수상내역은 뭐 믿기지 않을 정도다. 충북 음성에서 출생한 평범한 가정의 장남 반기문, 그는 성장환경 내내 어려운 형편에서 지내면서도 자율적이고 독립적인 학생으로 자신이 목표한 바를 차근차근 이루어 냈다. 그렇게 자신의 꿈을 실현할 수 있었던 것은 삶으로 몸소 보여주며 실천하신 어머니의 선행과 믿음, 사랑의 힘이 아니었을까?

오래전, 내 육아목표는 큰 아이 하윤을 '공부 잘하는 똑똑한 아이로 키우기'였다. 오직 그것에만 관심이 있었다. 의사, 변호사 같은 엘리트들의 어린 시절은 어땠을까? 궁금하다며 남편이랑 이야기를 나눈 적도 있다. 어린이집, 유치원을 다니고 있는 꼬마 하윤을 어떻게 하면 의사를 만들 수 있을까? (그러고 보니 나도 아이가 '의사'가 되길 바랐다.) 어떻게 하면 공부 잘 하는 아이로 만들 수 있을까? 만을 고민했던 그 시기였다. 그 때의 나는 보여 지는 타이틀, 외부적인 것들만 볼 수 있는 상태였다.

내 의식이 배려, 조건 없는 사랑이라는 좀 더 깊은 가치에 눈을 뜨기 시작할 무렵 사교육을 하나 둘 정리하기 시작해 마지막으로 하고 있던 원어민 그룹수업까지 모두 정리를 했다. 한동안 너무 불안해 손을 떨면서 다큐를 검색했다. 서울대학교 학생들, 상위 0.1%의 학생들의 어린 시절과 가정환경, 그들이 공부할 수 있었던 동기부여는 어떤 것이었을까? 하는 의문을 가지면서 〈학교란 무엇인가〉, 〈상위 0.1%의 비밀〉 이라는 프로그램을 열심히 찾아봤다. 너무 불안해서 뭐라도 검색해 봐야 했기에 설거지를 하면서도 틈틈이 들었다. 상위 0.1%의 학생들, '진짜' 공부를 하는 학생들을 유심히 살펴보니 타의 의지로 공부를 그렇게 하는 아이들은 없었다. 실컷 놀아보다 무언가 스스로의 깨달음으로, 무에서 유를 창조하듯 작심하고 공부에 파고드는 학생, 자율적인 의지로 학습 플랜을 짜고 명확한 목표의식을 가지고 공부에 매달리는 학생들이었다.

지금 생각하면 참 어이없게 느껴지지만 아이가 5~6살이 될 때까지 나는 "하윤이가 의사가 되었으면 좋겠어."라고 말하곤 했다. 마치 아이가 내 소유물인 것처럼, 그때의 내 의식은 그랬다. 그 시기의 유아들을 키우는 엄마들은 매우 전투적인 자세로 육아에 임한다. '그래서 지금 나 뭘 해야 돼? 아이에게 뭘 가르치면 되는 거야? 난 모든 준비가 되어있어. 아이를 잘 키우기 위해선 뭐라도 하겠어.' 이런 마인드인 거다. 유난히 아이들 교육에 열성인데 이는 그 이상의 가치와 양육에 있어 좀 더 주의를 기울여야 하는 부분을 알지 못하기 때문이다. 내가 오래 전 그랬듯이 말이다. 신기한 수학나라 숙제를 자꾸 미루며 제 때 안한다고 아이를 다그치고 네가 왜 지금부터 찬찬히 공부를 미루지 않고 해야 하는지, 엄마인 나의 어린 시절은 어땠는지 5살 꼬마를 앉혀놓고 얼마나 설교를 해댔는지. ㅜㅜ

고작 5살 후반의 어린아이에게 대체 뭘 바라고 무슨 공부(?)를 가르치고 싶었던 걸까? 그 시기의 아이들에게 뭘 가르친다는 말인가? 의식이 성장한다는 것은 아이를 아이의 그 연령대로 볼 수 있는 것이다. 아이들에게 무언가를 '바라는 것'이 아닌, 5살 아이를 5살 아이 그 모습 그대로 지켜봐 줄 수 있는 것이다. 지나고 보니 그렇다.

여러분들은 지금까지 이 책을 읽어 내려오면서 조금은 의아하다는 생각이 들지도 모르겠다. 글로벌 리더, 인재들의 어머니들이 어떻게 하셨는지 아이들을 그리 훌륭하게 키우려면 어떻게 해야 하는지, 우리는 무얼 해야 하는지(?) 배우고 싶겠지만 처음부터 지금까지 계속 한결같은 이야기를 하고 있으니 말이다. 우리가 '해야 할 일'은 없다. '해야만 한다.'는 그 마음을 어떻게 내려놓을 수 있을까를 간절히 바라야 한다. 어떻게 잃어버린 자신감, 자존감을 되찾아 아이를 사랑으로 비출 수 있을지를 고민해야 하는 것이다.

우리가 그러지 못하는 이유는 그리해도 된다고 말해주는 이가 없어서 정말 내려 놔도 될까요? 정말 하지 않아도 될까요? 라는 질문을 수도 없이 받는다. 강연이 끝나면 내 메시지에 마음이 움직이고 그렇게 자신의 가슴이 이끄는 데도 나에게 재차 또 재차 물으시며 민망해 하신다. 그런데 내가 8년 이상 깨닫고 깨우치고 이렇게 훌륭하고 존경할 만한 어머니들에게 배운 것이 바로 그것이다. 이 이상의 조언, 더한 가치를 드릴 수는 없다. 놓아버림은 상상도 하지 못할 정도의 강력한 역설이다. 내려놓고 놓아버릴 때 우리가 원하는 모든 것을 갖게 된다.

충청도의 한 지방에서 태어나 유년시절 한국전쟁을 경험하고 중고등학교 때는 더욱 경제적인 어려움을 겪었던 반 전 총장님, 그럼에도 그 분은 든든한 장남역할을, 여러 형제의 형, 오빠 역할을 묵묵히 해냈다. 없는 형편에서 나눔을 실천하고 꿈을 향해 한 걸음 한걸음 나아갔으며 결국 세계의 대통령이 되었다. 어머니의 존중과 지지로 성장한 그 훌륭한 인재는 세계로 나가 어머니의 가르침을 실천하며 살게 된다.

덕으로 사람을 대하고 언제나 하심(下心)하며 욕심 없이 살고 웃는 얼굴로 상대를 배려하라.

이 가르침을 자신의 삶에서 몸소 실천하시고 자식에게도 이를 물려주고 세상을 떠나신 분. 어머니傳이라는 프로그램을 볼 때도 총장님의 이야기를 책으로 접할 때도 나는 한 위대한 어머니의 사랑, 온전한 믿음과 지지, 그저 사랑만 보였다. 숭고함으로 위대함으로 밖엔 달리 표현이 되지 않는다.

반 전 총장님은 지난 6월 페이스북을 통해 어머니께서 운명하셨음을 알렸다. 아흔 아홉 해의 삶을 사시고 세상을 떠났다고 적으셨다. "생애에 모질고 굴곡진 삶도 있었지만 강직하고 정갈하게 사셨다. 자식을 위해 헌신하시고 이웃 분들께 배려심 많은 어머니였다."고 어머니의 삶을 표현하셨다. 어머니의 삶에, 그리고 자식을 위한 헌신에, 진실된 교육에 진심으로 감사드린다. 그리고 내 가슴이 지금 느끼는 만큼, 그리고 내가 그 분을 존경하는 만큼 나도 그 길을 따라 가고 싶다는 생각, 최대한 많이 닮아 가고 싶다는 생각, 그리고 꼭 그리하겠다는 다짐을 해 본다.

감정육아 4

희생이 아닌 헌신

관찰하면
보인다

〈이소은 어머니 최희향 여사〉

중학교 1학년 하윤이의 방학이 시작되었다. 늘 언제나 그렇듯 아이는 침대, 쇼파, 방바닥에 종일 누워 뒹굴 거린다. "엄마 맛있는 거 없어?", "엄마 심심해."라는 말을 제일 많이 하고 밥보다 떡볶이 라면 국수 등을 훨씬 좋아하는 전형적인 10대 언니다. 방학을 하고나니 심심하다는 말은 두 배로 늘어났고 뒹굴 거리는 시간도 늘어난 시간만큼 훨씬 늘었다.

중 1, 아무런 사교육도 선행도 하지 않는 아이는 집에서 따로 공부도 하지 않는다. 그냥 학교에서 보는 시험, 수행평가를 아무렇지도 않게 보고 온다. 중학생이 되었는데 수학 문제집 1권외엔 어떤 참고서도 없다.

초등학교 입학 전 가르치고 있던 모든 사교육을 그만두게 하고 특별히 공부하라 소리도 하지 않았다. 아이가 빠지는 관심사에 따라 책을 사주고 원하는 것에 더욱 깊이 몰입하고 빠질 수 있도록 해 주었다. 그러다 보면 아이의 몰입이 다른 관심사로 옮겨가 또 깊이 빠지기를 반복했었다. 하윤이가 초등학교에 입학 하고 난 후 나의 두려움과 불안은 최고조였던 것 같다. 다른 아이들은 원어민 그룹 과외다 학원에, 엄마가 오전에 도서관 투어 다니면서 빌려온 책 탑을 하나둘 제거해 가며 책을 읽는다는데 내 아이는 저렇게 뒹굴 거려도 되나 싶었다. 〈학교란 무엇인가〉, 〈공부의 왕도〉, 〈공부 못하는 아이〉 이런 다큐를 손 덜덜 떨며 찾아 헤맸고 영상을 찾아보곤 했었다. 주변엄마들과 이야기를 나누다보면 불안감은 더 커지고 두려움이 조장되곤 했다. 나는 지금 이렇게 아무것도 가르치지 않고 있는데 문제집도 안 풀려서 되겠는가? 풀게 해야 하나? 아님 놔두어야 하나? 이런 원초적인 고민들로 하루하루 지내던 시간들이 꽤 오래였다. 초등학교 2학년 때부터 수학 문제집, 국어 문제집 이렇게 딱 한권씩만 샀다. 알림장에 내일 수학시험 본다는 글귀가 적혀있으면 "하윤아? 낼 시험이라는데 문제집 좀 봐야하지 않을까?"라고 묻거나 방바닥에 시험 보는 단원을 펼쳐놓기도 했다. 아이는 내가 어떤 짓을 해도 문제집은 풀지 않았다. 그럼에도 억지로 아이 공부를 시키거나 강요하지 않고 지켜보았다.

아이들에게 학습을 강요하고 정해진 규정과 규칙들을 따르게 하는 것이 아이를 지켜보는 일보다 훨씬 쉬운 일이다. 어릴 때부터 길들이기 쉽게 정해주는 분량의 문제를 풀게 하고 학원을 보내고 시험 준비를 하게 한다고들 하는데 결정적으로 나는 그 정해진 틀이 싫었다. 누구나 다 똑같이 하고 있는 일관적인 교육방식에서 그들이 원하는 것은 무엇인가? 내 아이 뒤처지지 않게, 내 아이가 조금 더 우위에 놓일 수 있도록 하기 위함 아닐까? 내 뜻대로 그리 되게 하려면 얼마나 많은 스트레스인가? 어느 학원이 좋은 학원인지 얼마나 더 많은 양을 더 빨리 가르쳐야 하는지에만 초점을 맞출 수밖에 없을 듯하다.

나는 지금까지 단 한 번도 내 아이 학습을 맡기기 위해 학원을 고른 적이 없다. 앞에서 말했듯이 초등 입학 전 미친듯이? 유아 사교육을 시켜대던 그 경험을 끝으로 어떤 사교육도 하지 않는다. 아이는 친구들에게 종종 이런 질문을 받는다고 한다. "하윤아 너희 엄마는 학원가라고 하지 않니?", "너희 엄마는 공부를 안 시키니?"

아이는 이런 질문을 저학년 때부터 또래 친구들에게 들으며 스스로 알게 된다. 우리 엄마는 학습이나 규제에서 매우 관대하다는 것, 자신의 선택은 존중받고 있다는 것을. 이는 아이의 자존감으로 이어진다. 엄마는 나를 믿고 있구나 하고 아는 것이다. 그런데 이 믿음은 내가 아이를 믿는다면 아이는 알아서 잘 하겠지 하는 성과에 대한 믿음을 말하는 것이 아니다. 나는 아이의 온전한 힘, 신성을 믿는다.

2학년 때까지는 가방만 내려놓고 나가 친구들과 집집마다 놀러 돌아다니고 놀이터에서 놀고 아이들끼리 우르르 몰려다녔던 기억이 있다. 3학년이 된 이후부터 또래 친구들이 놀이터에서 보이지 않기 시작했다. 놀자고 벨을 누르는 아이도 없었다. 학원, 방문선생님과 공부하는 시간이 서서히 늘어나는 듯 보였다. 아이가 문제집을 전혀 보지 않아서 3학년 때 부터는 한 권도 사지 않았는데 4학년 2학기가 되니 아이가 내일이 시험인데 집에 문제집이 없다며 투덜거렸다. 요즘은 인터넷 서점에서 하루면 배송이 되지 않는가? 바로 주문해서 아이에게 주었다. 그렇다고 시험 보는 단원을 모두 풀어보거나 하지도 않았고 그저 몇 문제 풀어보고 가는 정도였다. 5학년 때 고비가 찾아왔다. 어느 날 저녁 아이가 수학이 너무 어렵다며 짜증을 내고 눈물을 보인 것이다. 솔직히 말하면 나도 그때 위기의식을 느꼈던 것 같다. '어떻게 해야 하지?'..................

그 때의 내가 할 수 있는 선택은 아이를 도와주는 거였다. 아이가 도움을 청할 때 옆에서 묵묵히 도와주는 것 그것밖에 내가 해 줄 수 있는 일이 더 있으랴? 아이와 같이 수학문제집을 놓고 개념을 천천히 살펴보고 문제도 같이 풀어봤다. 나도 어려워 힘든 문제가 있으면 아빠도 같이 머리를 맞대고 도와주었다. 아이의 반응에 내심 걱정이 되고 놀랐지만 "그러니까 미리미리 공부 좀 하지 그랬니." 같은 말은 하지 않았다. 지금까지 나는 늘 그래 왔다. 아이를 두고 미리 걱정하거나 불안을 끌어와 통제로 육아를 하지 않았다. 단지 아이가 어려움에 처하거나 문제에 봉착했을 때 그 문제를 같이 풀어나갔다. 살다보면 언제나 실패나 위기의 순간, 원치 않은 일들은 찾아오지만 그 문제를 대할 때 의연하게 대처하는 모습을 보여주는 것, 상황을 용기 있게 직면하는 태도와 마음가짐 그게 가장 성숙한 모습을 보여주는 것이 아닐까 싶다.

나의 이전 저서에도 소개했던 이소은 씨의 부모님 이야기는 많은 분들이 아실 거다. 몇 년 전 SBS 영재 발굴단 이라는 프로그램에 가수이자 법조인 이소은, 세계적인 피아니스트 이소연 두 딸을 자유롭고 내면이 강한 인재로 키워낸 자녀교육법이 소개 되었다.

이소은 씨는 가수 활동을 하다가 미국 로스쿨에 입학해 국제 변호사가 되었고 그녀의 언니 이소연 씨는 명문 줄리아드 음대에서 1년에 딱 한명, 최고 연주자에게만 주는 윌리엄 페첵 상을 2년 연속 수상한 경력이 있는 세계적인 피아니스트다.

"교육방식은 한마디로 방목입니다." 라고 말씀하신 그녀의 아버지, 방송이후 프로그램은 한동안 실시간 검색어에 오르내리며 화제가 되었고 '방목'이라는 키워드는 아직까지도 많은 부모들에게 큰 교훈으로 남아있는 것 같다. 방송으로 화제가 된 이후 작년 말, 소은 씨 아버지의 저서 〈나는 천천히 아빠가 되었다〉가 출간 되었다. 책에는 이런 명언이 나온다. 〈방목은 무관심이나 무절제가 아니다. 오히려 드러나지 않게 아이들의 본성과 독특함을 최대한 보장하고 유지해주려는 세심한 배려다. P. 55〉 아버님이 말씀하신 방목의 진정한 의미는 자식을 향한 조건 없는 사랑과 절대적인 지지인 것이다.

소은 씨의 어머니는 한 인터뷰에서 이런 말씀을 하셨다.

〈아이들을 잘 관찰하면 답이 나와요. 잘 관찰한다는 것이 무슨 의미냐면, 애들마다 취향이 달라요. 소연이는 책은 절대 안 읽지만 그림 그리고 만들기를 좋아했고, 소은이는 밖에 나가자고 해도 집에서 책을 읽었어요. 아이들에게 뭘 시키려고 하지 말고 가만히 놔두어야 해요. 우리 부부의 모토가 '생긴 결대로 키우자'에요. 아이들마다 타고난 성향이 다 다르지만 엄마들은 미처 그걸 못 보고 수많은 정보 속에서 허우적대요. 엄마의 정보력이 중요하다고들 하지만 전 정보력이 제로였어요. 자식 교육에 대한 정보에 크게 관심을 갖지 않았죠. 아는 엄마 집에 갔는데, 아이가 학교에서 오자마자 학습지를 풀더라고요. 안타까웠어요. 그냥 놀게 놔두면 알아서 할 텐데 말이죠. 어떻게 보면 제가 정보력이 빵점이었던 게 다행이었죠. 어릴 때 주입한 지식은 다 잊어버리거든요. 대신 필요할 때 담을 수 있도록 용량을 늘려주자는 생각은 했어요. 알아서 놀다보면 더 많은 걸 발견하게 되거든요. - 스타일러 주부생활 中〉

경험해 보지 않았기에 어떤 방식이 맞는 교육법인지 알 수도 없었고 막연히 불안하고 두려웠다. 그럼에도 아이들에게 온전히 쉼과 빈 시간 안에서 생각을 꽃피우고 상상할 수 있는 시간을 주고 싶었다. 자신안의 목소리를 들을 수 있는 여유, 자신이 원하는 것이 무엇인지 스스로 깨닫게 하기 위해 그 시간을 허락했었다. 다행이고 감사한 일은 나는 7~8년 전부터 이런 분들의 메시지에 주의를 기울이면서 흔한 교육방식인 주입식 교육과 점점 더 멀어졌다는 일이다.

이 시간 안에서 내 아이를 다른 아이들보다 우위에 세우고 싶은 나의 열등감, 아이를 통해 내 우월감을 채우고 싶은 낮은 자존감을 만나게 되었다. 자신의 내면을 알아차리고 자각하게 될 때 정말 많이 아프다. 적어도 나에게는 그랬다. 미숙한 내면 밑바닥의 모습을 만나게 될 때마다 아이들에게 미안해서, 그런 나 자신을 받아들이기 힘들어서 더욱 심한 무기력이 찾아오기도 했다.

그런데 동시에 그 아픈 시간은 내가 많은 것들을 놓아버리는 시간이기도 했다. 그리고 내 안에 있는 불필요하고 부정적인 것들을 끊임없이 놓아버리는 과정에서 아이의 고유한 빛이 서서히 내 눈에 드러나기 시작했다. 아이는 이미 강한 빛이었지만 내 안에 잔뜩 드리워진 그림자로 인해 그 밝고 강한 빛을 볼 수 없었던 것이다.

내 안에 있는 부정적인 것들을 알아차리고 정화하는 작업을 계속 하다 보니 조건 없는 사랑, 존재 자체로의 사랑이라는 것이 어떤 의미인지 가슴으로 느껴지기 시작했다. 조건 없는 '존재의 사랑'을 가슴으로 이해하게 되면 아이의 고유한 결을 존중하지 못하는 주입식 교육이 얼마나 큰 우를 범하는 것인지 알 수 있게 된다.

아이들에게 시간과 자율을 허용하고 그 안에서 아이가 무엇을 발견하는지 그리고 점점 성장하며 드러나는 아이만의 색을 잘 지켜보라. 아이의 실패와 좌절을 지켜보면서 언제라도 묵묵히 옆에서 그들을 지지하고, 사랑하는 부모님이 자신의 뒤에 있음을 알게 하라. 아이는 그 절대적인 지지와 사랑 안에서 안전하게 성장한다. 지금까지 받은 부모의 관대함과 배려를 주변에 그대로 돌려주는 따뜻한 인성을 가진 아이로 성장하는 모습을 보게 될 것이다. 아이는 나와는 완전히 다른 인격체임을 마음으로 내릴 수 있게 되며 아이와 나를 점점 분리하고자 했던 노력들이 결국 나 스스로 성장하여 독립된 인격체로 설 수 있는 시간들이었음을 깨닫게 될 것이다.

아이들을 가르치고 이끄는 교육이 아닌 아이를 따라가는 교육에 눈뜨게 된 것이 내 삶의 새로운 문을 열게 된 시작점이었다. 무언가로 계속 채우는 것이 아닌 아이 안에 가지고 있는 고유한 그들만의 재능이 서서히 드러나게 될 때까지 인내하는 마음으로 보다 성숙한 시선으로 지켜봐 줄 수 있어야 하는 것이다.

어린 아이들을 두고 있는 어머니들에게 감히 말씀드린다. 아이를 따라가시라고. 무엇을 좋아하고 흥미를 느끼는지 어떤 질문을 하고 어떤 성향을 보이는지 지켜보고 관찰하시라고. 아이들만의 특별한 빛을 최대한 가리지 않고 그저 그대로 빛날 수 있도록 그 귀한 빛을 잘 보전해 주시라고.

자신이 무엇을 원하고 좋아하는지 알고, 좋은 것을 좋아할 수 있는 자유를 가진 아이들은 자신의 감각을 따라갈 수 있는 아이가 된다. 자기주도 학습을 넘어 주도적인 삶을 살아가는 능동적인 아이.

부모의 절대적인 지지와 사랑 안에서 절대적으로 안전하게, 그렇게 성장한다.

온전한 자유는
최고의 사랑

〈석지영 어머니 최성남 여사〉

〈사교육 필요 없는 엄마표 영어〉 강연장에 와 계신 어머니들에게 여쭤보면 사교육을 가르치고 있는 분들이 의외로 많지 않다. 아무래도 '책 육아'라는 말이 나오기 시작하면서 조기교육이 조금씩 줄어들고 있는 추세인 것 같다.

강연이 끝나고 한 어머니가 질문을 했다. 36개월 아이를 두고 있는 엄마였는데 아이가 12개월이 된 직후부터 명품 사교육을 시작하셨다고 했다. 교구부터 비용이 만만치 않은 수업이었는데 그분은 명품 사교육에 대한 자부심이 엄청나게 많은 듯 보였다. 고가의 수업이다 보니 선생님 수준도 다르다며 수업에 대한 만족감을 줄줄이 얘기했다. 휘황찬란하게 들리는 수업을 세 가지 시키고 있다고 했는데 나 같이 사교육에 관심이 없는 엄마는 어떤 수업인지 이해도 잘 되지 않았다. 그 어머니의 고민은 이랬다.

36개월 아이, 어린이집에서 끝나는 시간은 4~5시, 수업은 일주일에 주 3회, 수업시간도 4~50분은 된다고 했다. 그렇게 고정된 시간을 할애해야 하고 교회에도 가서 아이 또래 친구들과 어울리며 놀게도 해 주어야 한다고 했다. 결국 마지막 결론은???

아이가 책 읽을 시간이 없다는 것이다...............
.
.
.

어쩌란 말인가? 교회에서 놀게 할 시간을 뺏을 수는 없는 일 아닌가? 그렇게 책 읽어줄 시간도 없는데 하물며 영어책까지 섭렵할 시간이 어떻게 날 수 있겠는가? 어떻게 양손에 쥐고 있는 것을 놓으려 하지 않고 다른 것까지 쥐고 싶어 하는가? 가지고 있는 것을 놓아버리지 못하기에 그것을 놓았을 때 배우고 느낄 수 있는 것들을 깨닫지 못한다.

30대 중반, 그것도 아시아계 여성으로 첫 하버드대 법대 종신교수로 임명된 석지영 교수, 오래전 그분의 책을 보게 되고 인터뷰 영상을 찾아보면서 교수님의 팬이 되었다. 말씀하시는 모든 부분을 필사하고 싶을 정도로 그분의 내면과 가치관은 존경스러웠고 닮고 싶다는 생각을 했다. 줄리어드 예비학교를 나와 예일대에서 프랑스 문학을 전공했고 영국 정부 장학금으로 옥스퍼드대에서 문학박사 학위를 취득했다. 미국 뉴욕 맨해튼 검찰청 검사, 미국 하버드대학교 법학전문대학원 조교수를 거쳐 4년 만에 미국 하버드대학교 법학전문대학원 법학 종신교수가 되었다.

석지영 교수의 가족은 그녀가 6세 되던 해 미국으로 이민을 갔다. 극한의 낯선 환경, 언어와 소통의 난관에 부딪치면서 세상과의 단절을 경험했다고 한다. 그리고 '책'은 단절과 고립된 느낌에서의 포근한 피난처가 되어 주었다. 이해할 수 없던 언어가 들리기 시작하고 친구들이 생겼지만 사람에게 말을 거는 것보다 책으로의 몰입이 훨씬 더 쉬웠다고 한다.

방과 후에 어머니와 도서관에 가는 것이 일상이었다. 어머니는 분야를 가리지 않고 자유롭게 읽고 싶은 책을 읽을 수 있는 분위기를 만들어 주었다. 그리고 책상 앞에 앉아서 공부만 하는 것이 아닌 무언가를 배우고 습득할 수 있는 즐거움을 아이들이 알기 바랐다. 음악, 미술, 발레 등 예술 분야를 접하고 배울 수 있도록 도와주었다. 아이들이 넓은 시야로 세상을 바라볼 수 있기를 바랐던 것이다. 자연스럽게 석지영 교수는 피아노, 발레, 문학에 빠져 들었다.

그녀는 부모님이 숙제를 하지 않아도 되는 자유, 시험을 못 봐도 되는 자유를 주어서 스스로 깊이 빠지고 싶은 것을 선택해 즐길 수 있었다고 한다. 발레를 배울 때는 하루 종일 거울만 보며 발레를 했고, 발레에 관련된 책은 죄다 찾아 읽었을 정도로 발레를 사랑했다. 발레리나, 피아니스트, 문학가, 법학자가 그녀의 꿈이었다. 스스로 자신의 선택으로 인한 몰입이었다. 석지영 교수가 그리도 화려한 이력을 갖게 된 과정은 이렇다.

10대 초반까지 발레에 푹 빠져 있었고 관심이 피아노로 이어졌다. 줄리어드 예비학교에서 피아노를 전공 한다. 그리고 대학을 다니던 시기에는 책읽기가 그렇게 좋았다고 한다. 소설이나 시, 활자를 읽는 것 자체에 매료되었다. 하나의 단어가 어떤 역할을 하는지 어떤 의미를 가지고 어떤 방식으로 의미들을 내포하게 되는지 생각하는 것이 즐거웠다. 그렇게 언어에 깊이 빠지게 되면서 법조계로 흥미가 이어진 것 같다고 말한다.

아이들이 무섭게 책으로 몰입을 했던 시기가 있다. 가르치고 있던 모든 사교육을 그만두고 시간에 대해 어떤 것도 통제하지 않았을 때였다. 놀이터에 나가 놀다가 집으로 돌아오면 씻기고 또 놀게 했다. 온전히 주어진 자율 안에서 아이들은 책을 자연스럽게 꺼내보고 DVD도 보고 그림도 그렸다. 종이를 오리고 붙여 아이가 지은 책을 만들기도 했다. 아이가 초등학교에 입학하고 나니 유치원 다닐 때보다 하교 시간이 훨씬 더 빨라졌다. 오후 1시가 되기 전에 집에 왔고 둘째인 찬유가 오전부터 흘려듣고 있던 영어 CD를 듣는 시간, DVD를 보는 시간이 훨씬 많아졌다.

하윤이는 7세부터 초등학교 2학년까지 책으로 깊은 몰입을 했다. 아이는 내가 구입하는 모든 책을 읽어 치웠다. 유치원에서 하원을 하고 나면 옷도 벗지 않고 책을 읽곤 했었다. 〈연두야 학교 가자〉 시리즈를 잔뜩 탑처럼 쌓아놓고 방에서 종일 책을 읽기도 했다.

동시에 둘째도 책으로 깊이 빠져 들었다. 기관을 다니지 않던 둘째는 아침에 눈뜨자마자 책을 찾았고 집에 있는 모든 시간은 영어를 흘려듣는 시간이었다. 기관에 다니지 않으니 새벽 2~3시 경이 되어서야 잠이 들었고 오전에 기상하는 시간은 늘 10시~11시 경. 놀다 책 읽어 달라고 가져오고 놀다 영어 DVD보고의 반복, 이게 둘째의 일과였다. 오후 4~5시 쯤이 되면 외로움과 지루함의 절정이었다.

둘째가 28개월이 되었을 즈음 나만 보면 한글, 영어 책 가리지 않고 읽어달라며 가져 왔었고 밖에 외출을 할 때도 책을 들고 다녔다. 아이들이 이렇게 깊은 몰입을 경험할 수 있었던 것은 온전히 마음껏 쓸 수 있는 자유로운 시간 때문이었다.

주변 엄마들과 어울려 다니지 않았고 일주일에 몇 번씩 찾아오는 방문수업 선생님도 없었기에 시간은 남아돌았다. 그 남아도는 시간 안에 학습적인 공부시간은 전혀 없었다. 문제집 풀이나 영어 워크북을 풀리는 일도 전혀 하지 않았다. 그 시기를 지나는 동안은 전혀 모른다. 단지 수업이 없고 주변 엄마들을 만나고 다니지 않으니 시간이 남아돌고?(영어 흘려듣는 시간은 덤), 노는 시간이 늘어난 만큼 아이들이 책을 읽는 시간이 엄청 많아졌네? 라는 생각을 할 뿐이었다.

그런데 아이들과 지내던 그 시간을 되돌아보면 말로는 설명할 수 없는 귀한 시간, 다시는 오지 않는 유일무이한 시간이었다. 모든 일이 그렇듯 육아도 때가 있다. 내가 구입하는 대로 책을 읽어 치우던 하윤, 아이들의 그런 모습이 계속 될 것 같지만 그렇지 않다. 성장하면서 그만큼 생각도 성숙해지고 관심사가 다양한 방면으로 분산되는 것이 자연스러운 순리다.

어릴 때는 엄마 아빠 밖에 모르던 아이들이 성장하며 혼자만의 시간을 즐기고 친구들과 몰려다니며 다양한 경험을 하듯이 그렇게 달라지는 것이다. 그렇기에 유일무이한 그 시간을 반드시 사수해야 한다. 내가 그랬듯 '지금'을 보내고 있을 때는 그 시간이 얼마나 귀하고 중한 시간인지 잘 모른다. 걷고 있는 한걸음 한걸음의 폭은 너무나 작기에 그 작은 발걸음을 옮기고 있을 때는 지금 이 순간, 현재의 파워를 인지하지 못한다. 이 귀한 시간에 얼마나 의미 없는 생각과 실재하지 않는 두려움으로 시간을 낭비하고 있는지 인식하지 못하는 것이다. 그러나 아이가 14살이 훌쩍 지나버린 지금 그 시간을 되돌아보면 내가 걸었던 그 작은 한걸음이 결국 우리가 가고 있는 방향을 결정짓고 있는 것이다.

가장 중요한 것은 시간과 자율이 확보되어야 한다. 말했듯이 노는 시간이 늘어나는 만큼 책 보는 시간도 늘어나는 것이다. 내가 아이 사교육을 그만두게 했던 가장 큰 원인은 시간 때문이었다. 놀고 멍때리고 생각하고 아이의 흥미로 빠져드는 것이 가능하기 위해서는 절대적으로 시간이 많이 필요했다. 창의력이라는 것도 너른 시간과 자율에서 나온다. 편안한 안정감을 느낄 때 나오는 것이다.

한 인터뷰에서 부모님의 자녀 교육법이 궁금하다는 질문에 석지영 교수는 이렇게 말했다.

"바로바로 적용되는 어떤 공식이 있진 않았고, 일반적 의미의 방법론이 있다면 저희 부모님은 저에게 많은 자유와 저의 흥미를 탐험할 시간을 주었다고 말하고 싶어요. 제가 관심을 가지는 것이 있다고 생각하면 제가 그것에 더 깊게 빠질 수 있는 여건을 만들어 주려고 노력하셨어요. 이것이 오늘날 저를 만든 것들 중의 하나라고 생각합니다."

원하는 것을 탐구하고 마음껏 빠질 수 있는 기회를 주었지만 교육에 대한 관심과 열정을 잃지 않았던 어머니는 예술체험을 통해 문화예술에 대한 소양을 쌓을 수 있도록 도움을 주었다. 그로 인한 감각과 창의력은 훗날 예일, 옥스퍼드, 하버드대학에 지원하는데 특별한 장점으로 인정받게 된다. 줄리어드 예비학교에서 피아노를 전공, 예일대와 옥스퍼드 대학에서는 문학을 전공했으며 하버드대학교 법학전문대학원 법학박사 이런 학력은 자신의 몰입과 즐거움으로 인한 공부였기에 가능하지 않았을까?

석지영 교수는 자신에게 공부는 암기도 시험도 아니고, 자신이 빠져들고 싶은 것을 찾아가는 과정이라고 했다. 하버드 대학생들의 생활에 대해 매우 열심히 하고 공부도 많이 하지만 중요한 것은 공부를 많이 하고 공부시간을 늘리는 것만이 잘 할 수 있는 것이 아닌 공부와 배움을 즐기면서 하기 때문에 가능하다고 한다. 정말 파고들어서 본인에게 의미가 전달되도록 집중해야 하고 배워나가는 과정을 즐길 수 있을 때에 가능한 것이라고 말이다.

아이들이 배움과 공부를 즐겁게 느끼도록 우리가 대신 해줄 수는 없는 일이다. 우리의 선택으로 줄 수 있는 것은 자유로운 시간과 자율 안에서 의미 있는 배움을 찾을 수 있도록 도와주는 것이 아닐까 생각한다.

"제가 받은 최고의 선물은 부모님이 주신거에요. 그 분들의 무조건적인 사랑이죠. 되돌려 드려야 한다는 의무나 부담이 없는. 오히려 그 선물을 받고 그럼으로써 더 자유로워질 수 있는 선물이요. 온전한 자유를 누리는 경험이 제가 받았던 최고의 선물입니다. 생각할 자유와, 놀 자유와 일할 자유는 제가 아이들에게 주고 싶은 선물이기도 해요."

교수님이 말씀하신 것처럼 지금 내 아이에게 자유로움을 주는 것이 어쩌면 먼 훗날 아이들에게는 부모님이 주신 최고의 사랑으로 기억될지 모르는 일이다.

아이의 자존감은
엄마의 자존감
⟨조세핀 김 어머니 주견자 여사⟩

　내가 부모 대상으로 강연을 하고 있는 주제는 ⟨사교육 필요 없는 엄마표 영어⟩, ⟨엄마의 자존감을 되찾는 힐링육아⟩ 이렇게 두 가지다. 강의 횟수가 늘어나면서 살펴보니 엄마표 영어 강연은 인원모집이 항상 어느 정도 확보되는데 힐링육아 강연은 모객 인원이 엄마표 영어보다 훨씬 적었다. 아무래도 엄마들은 힐링을 원하기보다 어떻게 아이들을 가르쳐야 할까 무엇을 시키고 어떤 방식으로 영어 학습을 진행해야 하는가에 더 초점이 맞추어지는 듯하다. 모두 한결같은 길을 가고 있는 요즘 전형적이고 유형화된 교육에서 깨어나 무엇을 하고 무엇을 가르쳐야할까 가 아닌 어떻게 하면 두려움에서 비롯된 부정적인 것들을 거두어내고 덜어낼 수 있을까를 고민해야 하는데 말이다.

엄마인 나 자신이 스스로에 만족하지 못해 아이를 잘 키워서 나의 우월감을 채우고 싶은 마음이라면 아이는 자존감 있는 아이로 성장할 수 있을까.

나는 조금도 변하지 않고 진실이 아닌 두려움에 함몰되어 불안으로 아이의 미래를 끌어온다. 학습과 공부만 전념하도록 이끌고 통제한다고 치자. 생각해 보시라. 통제할 수 없는 일에 온갖 에너지를 끌어다 쓰는 것이 과연 현명한 일일까? 솔직히 자문해 보자. 내 힘으로 아이를 통제할 수 있다고 믿는가? 아이를 통제하는 것이 가능하고 또 내 아이가 이끄는 대로 잘 따라온다고 하자. 그렇다고 정말 아이를 내 뜻대로, 내 힘으로 통제하는 일, 꼭 그리 해야만 하는 것일까?

왜 그렇게 해야 하는가? 나는 자존감이 없는 스스로 만족할 줄 모르는 사람, 부족한 사람이기에, 그리고 내 아이는 힘이 없기에 '그렇게 해야만' 하는 것이다. 그렇게 아이를 키우는데 아이의 내면에 과연 자기사랑, 자존감이라는 것이 자리할 수 있을까?

자존감은 자기 자신을 긍정적으로 바라보는 것이다. 어떤 고난과 역경이 와도 흔들리지 않는 자신에 대한 믿음, 나는 사랑받을 자격이 있다는 존재함으로 이미 가치는 충분하다는 신념, 그렇기에 실패와 좌절이 두렵지 않은 추진력, 실패하더라도 나 자신을 믿고 다시 일어나 도전 할 수 있는 강인함 이런 것들이 내면에 자리 잡은 함 그것이 바로 자존감인 것이다.

조세핀 김의 어머니 주견자 여사는 9개월이 된 손자를 돌봐주면서 "9개월 된 아기라 할지라도 미소로 아이를 바라보아야 아기는 사랑받고 있다고 느낀다." 라는 말씀을 하셨다. 아이들이 엄마를 거울처럼 비춰보며 사랑받고 있다는 느낌, 자신감, 자존감을 느끼고 성장할 수 있도록 해 주어야 한다는 말이다. 여자아이는 엄마의 자존감을 그대로 옮겨놓은 것과 같고 남자 아이는 아빠와 거의 비슷한 수준의 자존감을 보인다고 한다.

어제 저녁 원고를 쓰다가 SNS 다이렉트 메시지를 받았다. 모르는 사람인데 누구지? 하면서 메시지를 받았는데 이렇게 적혀 있었다.

반갑습니다. 작가님 ^^ 며칠 전 도서관에서 작가님 책을 우연히 대여했는데요. 아이들에게 엄마표 영어를 해 보고 싶다는 생각만으로 빌려온 책을 60페이지까지만 보고도 펑펑 울었습니다. 저는 4살, 24개월 연년생 아들 둘 엄마에요. 작가님 책을 보고 여태까지 나는 '아이들을 위해서'라고 해온 모든 일들이 잘못된 것들이었다는 걸 깨달았어요. 정말 감사합니다.

왜 이런 말씀을 하시는 걸까? 왜 다른 책도 아닌 〈엄마표 영어 학습법〉책을 까페에서 읽다가 통곡을 하셨다는 독자님이 계신 걸까? 우리는 이렇게 한 권의 책에서 그리고 몇 페이지의 글만으로도 본질이 무엇인지 이해할 수 있다. 이미 모든 것을 가지고 있었지만 성장하면서 아주 조금씩 서서히 잃어버린 그것, 내면의 빛을 다시 기억해 낼 수 있는 것이다.

이런 독자 분들처럼 무언가 가슴으로 이해하고 펑펑 눈물을 흘리며 통곡을 하신 분들이라면 앞으로 육아라는 시간에서, 그리고 남은 삶을 완전히 다른 길로 창조하고 새로운 문을 열 수 있다. 어떤 깊은 것을 가슴으로 이해했다고해서 한순간 극적인 치유가 일어나거나 마법처럼 삶이 달라지는 것은 아니다. 그런데 자각하고 이해한다는 것, 나의 미숙함을 알아차리는 것은 곧 놓아버림의 과정이다. 성찰하면서 조금씩 비워내는 자리에 그만큼 사랑이 다시 들어찰 수 있는 것이다. 그 시간을 살아내는 것이, 바로 그 과정이 진정한 삶이다. 우리가 찾아 헤매는 것, 마법 같은 그런 일은 현실에 없다. 그 환상을 내려놓는 것이 역설적으로 우리가 가야할 길로 빠르게 안내해 준다.

아이들도 미소로 바라봐줘야 사랑받고 있음을 알 수 있는 것처럼 나 자신을 사랑하고, 우리 아이들처럼 나 자신 또한 빛임을 가슴으로 이해하고 내릴 수 있어야 아이들은 부모의 그 모습을 거울삼아 성장한다.

〈우리아이 자존감의 비밀〉의 저자이자 30세에 하버드 교육대학원 교수가 된 조세핀 김 교수, 그녀는 대학 강단에서 뿐 아니라 책과 강연으로 많은 부모들에게 **자존감**에 대한 메시지를 나누고 있다. 〈어머니 전(傳)〉이라는 프로그램에서 조세핀 김 교수님과 어머니의 이야기를 접하고 난 후 내 저서에 소개하기도 했다.

수학 시험을 40점 맞아온 조세핀 김에게 그녀의 어머니는 '이럴 때 내가 아이의 기를 죽이면 공부를 정말 재미없어 하겠구나.'라는 생각에 "다음엔 더 잘 할 수 있을 거야. 다음엔 5개를 맞을 수 있도록 해보자."라고 말했다.

어린 조세핀은 다음엔 내가 더 잘할 수 있겠구나 하며 기운내서 학교에 갔다. 수학점수 90점을 맞은 아이, 하나 틀렸다고 엄마에게 혼나서 울먹거리는 친구를 보고 의아해 조세핀은 이렇게 물었다고 한다. "너는 아홉 개나 맞았는데 왜 슬퍼하니? 나는 네 개밖에 못 맞았는데"

이런 일은 하나의 사소한 사건일 뿐이지만 이렇게 아이가 받아들이는 입장에서는 매우 중요한 하나의 관념으로 자리 잡을 수 있다. 학습과 나는 별개라는 것, 그리고 우리 엄마는 나를 믿고 있다는 것을 아이들은 직감으로 아는 것이다. 다음번에 시험을 더 잘 맞아오게 하기 위해 아이들에게 미리 가르치고 교육시키는 것보다 훨씬 중요한 일이다.

40점을 맞고도 마음의 상처를 받지 않고 오히려 격려와 지지를 받았던 아이는 30세에 하버드 대학 교수가 된다. 이렇게 자녀들을 성장시킬 수 있었던, 조세핀 김 교수 어머니의 교육 키워드는

'자존감'이었다. 어머니는 **말로 아이들에게 상처를 주거나 기죽이지 말자'** 이를 가장 중요하게 생각했다. 어머니는 아이들이 잘못을 해 꾸중을 할 때도 "이 복 받을 녀석아."라고 했다. 조세핀이 8살 무렵 아버지의 신학 공부로 가족 모두가 미국으로 이민을 가게 되었다. 끼니를 걱정해야 할 정도로 궁핍하고 어려운 생활을 견뎌내면서 가족의 생계를 책임져야 했던 것은 어머니였다. 낮에는 아이들을 돌봐야 했기에 밤에 근무하는 베이비시터 일을 하며 생활비를 벌었다. 밤새 일을 하고 돌아와서도 아이들을 보고 늘 웃는 얼굴을 보여주셨다. 그리고 책방에서 자녀교육서를 구입해 시간이 부족함에도 늘 책을 곁에 두고 틈틈이 읽는 모습을 보여주셨다.

어려운 생활에서도 길을 만들어 자신이 삶의 주인으로 살아가길 바라셨다는 어머니. 조세핀은 4년의 고등 교육과정을 3년 만에 끝냈고 20세에 이미 대학과정의 공부를 다 마쳤다. 조세핀 김 교수는 만약 자신의 삶이 쉽고 평탄했더라면 그렇게 하지 못했을 것이라고 말한다. 극복해내야 하는 일들이 많았고, 그런 경험이 쌓이면서 좀 더 감당할 수 있는 능력이 생기게 되었다고 말이다. 지나온 시간들을 돌이켜 봤을 때 자신이 지금까지 살아온 힘은 '자존감'이라고 말씀하신다. 어머니의 자존감이 매우 높으시고 그걸 딸인 내가 쏙 빼 닮았다고.

어머니 주견자 여사는 아이의 자존감을 키우기 위해서는 엄마인 나 자신의 자존감부터 돌아보라고 말씀하신다.

하윤이 또래 친구들을 살펴보면 친구들 사이의 관계를 혼자 휘두르려 하는 아이도 있고, 이리 저리 편을 갈라 왕따를 조장하는 아이들도 있다. 가정에서 조건이 걸린 사랑을 받은 아이들이 이처럼 밖에서 친구들에게 의존하게 되는 것이다. 이런 의존관계에서 조금의 상처라도 받으면 견디지 못하고 분노하거나 좌절하게 된다. 가정 이후 경험하는 제2의 세계인 친구들 사이에서 조화롭지 못한 관계를 이루게 되고 그 속에서 상처받고 상처주고 하는 이런 일들은 너무나도 비일비재하다. 3학년인 둘째 찬유의 학급 친구들을 보면 기본적인 인성이 부족해 보이는 아이들이 더러 있다. 이런 일들은 아이들의 자존감 부족이라고 생각한다. 나 자신을 사랑하고 다른 이들 또한 귀하게 대하며, 나와 같이 여길 수 있는 아이들이 많아진다면 얼마나 좋을까.

지성과 감성, 인성, 영적인 면에서 모두 조화를 이루는 아이들로 키우는 것이 우리가 해야 할 일이 아닐까? 아이들의 인생이 부모인 우리들의 책임은 아니다. 아이들의 인생은 철저히 아이들 자신이 책임져야 하지만 부모인 우리는 삶을 대하는 자세와 태도를 본보기로 보여줄 수 있으며 그들의 삶에 영향을 미칠 수는 있음을 꼭 기억해야 할 것이다.

아이들의 인생을 책임지려 하지 말고, 그저 아이들이 우리의 모습을 보고 성장하면서 좋은 영향을 받을 수 있도록 먼저 우리 자신을 사랑하고 긍정하는 것, 이것이 최우선이 되어야 한다.

경쟁 없는 환경에서
자율과 독립 알아가기

〈금나나 어머니 이원홍 여사〉

아이들 여름방학 기간이다. 얼마 전 방학식 날 둘째 찬유 가방 안에 들어 있던 학교생활 통지표를 열어본 후 느꼈던 이야기를 나눠 보려고 한다. 초등학교 3학년 통지표, 뭐 대단할 것도 없고 선생님들께서도 대체로 무난하고 후하게 적어주신다는 것도 알고 있다. 아이는 이렇게 학교생활을 잘하고 있는데 괜한 두려움과 걱정으로 아이를 대했던 시기, 그 때가 떠올라 만감이 교차했다. 아이만 생각하면 미묘하게 느껴지는 불안함, 이것은 아이에 대한 문제가 아닌 나 자신의 관념에 대한 문제였다.

아이를 믿지 못하고 나 스스로에 대해 느끼고 생각하는 '무능'을 둘째인 찬유에게 투영하곤 했던 과거의 이야기는 이렇다. 기관생활을 빨리 시작한 또래 친구들에 비해 찬유는 모든 면에서 배우고 받아들이는 속도가 더뎠다. 그런데 소리나 청각에 관련된 능력은 매우 뛰어나 어릴 때부터 아이를 보면 놀랐던 적이 많다. 노래를 한번 들으면 멜로디를 기억하고 바로 따라 불렀고 오래전부터 알고 있던 노래를 부르는 듯 했다.

특히 영어를 들으면서 바로 따라하는 능력도 매우 뛰어났고 36개월 전후에는 늘 영어로 말하면서 상상놀이를 하곤 했다. 아이는 늘 혼자 놀았다. 6세 때까지 기관도 다니지 않았고 동네 친구들이 모여서 하는 수영, 축구교실도 어떤 다른 사교육도 하지 않았다. 태권도도 7세 후반에 시작했으니 아는 동네 친구들도 별로 없었다. 게다가 내가 스스로 왕따를 자처하고 잠수를 탄 이후 주변 엄마들을 피해 다니던 상황이었으니 더더욱 그럴 수밖에 없었다.

기관에 다니지 않으니 아이는 늘 나와 함께 다녔다. 아이의 사회성은 또래 친구들과 어울리면서 쌓는 것이 아니다. 어린시기 엄마와의 애착과 정서적인 유대감으로 평생 사회성이 만들어지고 이는 자신에 대한 관념, 자아상 형성에도 가장 큰 영향을 미친다.

유년시기 엄마와의 감정적인 유대가 잘 되어 있는 아이는 성장하면서 어느 상황에 놓이더라도 안전하고 잘 성장할 것이라는 믿음은 있었다. 그리고 이 부분은 육아를 하면서 가장 중요하게 생각하는 부분이기도 하다. 단지 내가 해결하지 못했던 문제가 있었는데 그건 바로 아이와 나 자신을 분리하지 못한데서 나오는 무의식의 연결이었다. '무능함'을 자아상으로 가지고 있던 나는 아이를 바라보는 시선도 나 스스로에 대한 인식과 같았던 것이다.

7세부터 정식으로 유치원에 다니기 시작한 아이, 주변에 그런 아이가 전혀 없어서인지 찬유는 유치원에서 특별한 아이가 된 분위기였다. 그림그리기, 쓰기, 읽기, 오리고 붙이기 등 뭐든지 또래 아이들보다 느렸다. 그림을 우습게 그린다며 친구들이 놀려서 유치원에서 울었던 사건 이후, 활동을 할 때마다 혼자 멀리 떨어진 곳에서 하려 한다고 선생님께 연락을 받기도 했었다. 그 때 이런저런 생각으로 아이를 걱정하고 뭔가 뒤쳐진다? 라는 생각으로 불안해했던 것은 그저 두려움에서 끌어온 나의 선택이었을 뿐! 이었다는 것을 지금은 이해한다.

〈나의 불안 = 나의 무능함 = 아이의 무능 → 나의 불안 = 나의 무능함 = 아이의 무능 → 나의 불안〉

이런 끝나지 않는 뫼비우스의 띠를 무한 반복하고 있는 나의 패턴을 자각한 이후 무의식에서 연결되어있는 아이와 나를 분리하는 작업을 의도적으로 하기 시작했다. 당시에는 나 스스로에 대한 관념, '무능'을 놓아버리지 못한 상태였기에 일단 아이는 나와는 다른 인격체라는 것을 계속 의도적으로 상기하려고 노력했다.

아이가 등교를 하고나도 버스에서 잘 내릴까? 친구들과 잘 지낼까? 수학수업은 잘 알아들을까? 하는 불안함에 사로잡혀 있다는 것을 알아차린 후 내가 할 수 있는 선택은 한 가지 뿐이었다. 아이를 믿지 못하는 불안함을 전환하여 아이를 그냥 믿어버리는 것!

내가 생각하는 아이에 대한 불안은 대부분 내 머릿속에서 피어오른 상상, 생각일 뿐이었지 진실이 아니었다. 그래서 의도적으로 아이의 유능함을 상상했다. 아이가 학교생활을 하면서 필요한 능력, 모든 힘은 아이 안에 있다고 생각을 전환했다. 어차피 내가 가지고 있던 불안도 현실에 있지 않은 허상이 아니었던가? 그래서 아이안의 신성, 아이의 힘을 완전히 믿어버리기로 결심을 한 후 지속적인 노력을 했다.

나의 그 작은 노력은 아주 많은 것을 바꾸어 놓았다. 당시에는 몰랐지만 아이에 대한 의도적인 믿음은 나 자신에 대한 믿음으로 이어졌고, 이 믿음에 대한 생각의 전환은 결국 아이 존재에 대한 사랑으로까지 이어졌다. 과장되고 거창하게 들릴지도 모르지만 정말 그렇다. 그 작고 미비한 발걸음은 시간이 흐르고 나니 나를 완전히 다른 곳으로 데려다 놓았다.

한걸음 한걸음은 매우 작고 더뎠지만 결국 내가 바라고 원하는 지점으로 올 수 있었던 것은 지향점, 목표가 명확했기 때문이다. 위의 글을 자세히 살펴보면 내가 맞춘 포인트는 아이가 아니라 '나'였다는 것을 알 수 있다. 불안함, 아이의 무능함은 진실이 아님을 알고 내 안의 허상을 계속 알아차리고 흘려버리는 작업을 했던 것이다.

그림을 선으로만 그리던 아이, 그 아이는 초등학교 2학년 어느 날 과학상상화 그리기 대회 장려상 상장을 받아온다. 2학년 초까지 교문 앞으로 손잡고 걸어 가 줘야 했던 아이는 얼마 후 혼자 버스를 타고 등교하고 버스카드도 혼자 충전을 했다. 덧셈 뺄셈도 익숙하지 않던 아이는 자신만의 특이한 방식으로 구구단을 외우고 분수 소수 문제를 풀어낸다. 문자에 1도 관심이 없고 그림만 섬세히 관찰하곤 했던 아이는 입학 후 두 달이 되기 전에 한글을 뗀다. 믿고 기다려 주면 아이가 뭐든 잘 하게 된다는 것이 아니라 아이만의 속도와 방식을 인정해 주라는 이야기다. 아이의 그림은 여전히 서툴지만 그만의 개성은 정말 탁월하다. 아이만의 그림에는 밝고 독특한 빛이 있다. 그래서 나는 아이의 그림을 정말 좋아한다.

2002년 미스코리아 진으로 당선된 금나나 씨는 2년 전 35세의 나이로 동국대학교 교수로 임명되면서 13년간의 외국 생활을 마치고 귀국했다. 경북과학고를 졸업하고 경북대 의대 입학 후 미스코리아 대회에 나가 진에 당선되었다. 이후 미스 유니버스 참가 중 미국 캠퍼스 투어를 한 뒤 유학을 결심하게 된다. 경북대 의대를 그만두고 유학을 떠나기 전 하버드와 MIT에 동시에 합격해 또 한 번 화제가 되었다. 연예계의 수많은 러브콜을 마다하고 하버드로 간 그녀는 상위 10%학생에게 주어지는 디튜어상과 존 하버드 장학금을 받기도 했다. 미모와 재능을 두루 갖춘 재원 금나나 교수, 그녀의 뒤에 교사 부모님의 특별한 소신 교육법이 있었다.

나나씨의 어머니 이원홍 여사는 30년 이상 시골에서 중학교 교사직을 맡고 있다. 시골 교육의 강점을 말하는 책을 출간하기도 했다. 특히 자연을 접하고 뛰어노는 것은 인성계발, 자연 친화적 사고에 도움이 된다고 생각해 자연과 놀이를 중요히 여기며 아이들을 키웠다. 어릴 때 아이들이 30분 이상 공부를 하면 한 시간은 무조건 나가 뛰어놀게 했다. 어릴 때는 공부보다도 잘 뛰어 놀게 하는 것이 중요하다고 생각해 딸에게 한글도 가르치지 않은 채 초등학교에 입학시켰다. 모르는 것이 있으면 모두 선생님께 물어보도록 해 아이가 학교생활을 적극적으로 할 수 있도록 했다. 그리고 초등학교 무렵부터 표현력, 지구력 계발에 도움이 되겠다는 생각으로 학습위주의 사교육이 아닌 예체능을 다양하게 접하게 해 주었다. 무용, 서예, 피아노 등을 배웠다.

초등학교 무렵 아이가 관심 있어 하는 예체능을 한두 가지 접하게 해주는 것은 나도 적극 추천한다. 유아시기에 문화센터나 놀이 교실 같은 곳을 데리고 다니는 것보다 아이의 성향과 기질에 맞는 예체능을 선택해 전문 학원을 보내는 것이 좋을 것 같다. 영유아기 아이들은 호기심 충만한 무법자이기에 단체학습을 하며 배우게 되면 아무래도 아이의 행동을 제지하게 되고 억압하게 되는 상황이 많아지기 때문이다.

아이와 충분히 대화하고 아이가 원하는 것으로 접하게 해 주면 좋다. 하윤이가 초등학교 입학 후 하교시간이 너무 빠른데다 하루 종일 너무 심심해해서 발레를 권유해 봤는데 생각보다 매우 좋아했다. 발레학원을 다니기 시작하면서 발레 전공한다고 하는 거 아냐? 싶을 정도로 아이는 깊이 빠져 들었다. 발레 관련된 책은 사주는 대로 보이는 대로 모두 읽었다. 이런 깊은 몰입을 할 수 있는 기회도 시간과 여유가 있어야 가능하다. 아이가 무엇에 관심을 갖고 좋아하는지 알 수 있으려면 여유 속에 있어야 하는 것이다. 학원에 공부에 숙제에 치이다보면 시간이 부족하고 시간이 부족하면 아이의 에너지 또한 부족해지는 것은 말 할 것도 없다.

나나씨의 부모님이 특별히 신경 쓴 것은 자율과 독립적인 부분을 중요시하며 무엇이든 혼자 해내도록 격려하는 것이었다. 숙제 한 번 도와준 적 없을 정도로 '스스로'를 강조했지만 아이들과 대화는 서로 누구보다 많이 나누었다. 2012년 6월 25일자 조선일보에 금나나 씨가 지성미의 아이콘, 대표 엄친딸로 성장한 배경은 〈경쟁 없는 환경에서 도전을 즐기게 한 덕분〉이라는 내용의 이원홍 어머니의 교육비법이 소개되었다.

〈이 교사는 부모가 주변 얘기에 흔들려 아이를 경쟁으로 내 몰지만 않는다면 도시에서도 얼마든지 시골교육의 장점을 살려 교육할 수 있다고 강조했다. 실제로 서울에서 사범대학을 졸업한 그는 고향으로 돌아가 두 자녀를 키우며 서울 친구들과의 만남을 자제했다. '누구 부모는 어떻게 교육을 시키더라.', '누구아이는 어느 학교에 갔다더라.'는 얘기에 신경 쓰지 않기 위해서였다. "우리 부부가 경제적으로 여유롭고 교육 정보에 통달한들 나나를 하버드대에 보낼 수 있었을까요? 부모가 자녀에게 해 줄 수 있는 가장 큰 도움은 자신감을 잃지 않도록 울타리가 되어 주는 것, 그리고 그 안에서 아이들이 마음껏 꿈을 펼칠 수 있게 해 주는 것이라고 생각합니다."〉

내가 가르치고 있던 사교육을 모두 정리하고 엄마들과의 만남을 자제했던 것도 내 멘탈이 너무 흔들렸기 때문이다. 에너지가 너무 약해 혼자가 되었고, 아이를 믿지 못해 의도적으로 믿어보는 연습을 했다. 나 자신으로 포인트를 맞추고 내면을 돌아보던 나의 이런 선택은 결국 나 자신을 믿고 나 스스로의 힘을 키우는 시간들이었다. 누군가에게 묻지 않아도, 다른 이들의 육아 방식을 궁금해 하지 않아도 되는 힘, 그 힘이 있으면 아이의 힘 또한 믿을 수 있게 된다. 아이만의 온전한 힘 그게 바로 자율인 것이다.

경쟁 없는 환경, 자연과 놀이 안에서 자연스럽게 뛰놀고 자율과 독립에 대해 스스로 알아갈 수 있도록 도와주신 어머니, 그 아이는 스스로 원하는 것을 찾고 계획을 세우는데 익숙해졌다. 13년간의 외국유학생활을 하면서 힘들고 난관에 부딪치는 일이 왜 없었겠는가? 그럼에도 스스로 공부가, 배움이 좋으니 그리할 수 있었을 것이라는 생각이 든다.

공부를 많이 하고 공부시간을 늘린다고 되는 문제가 아니다. 배워나가는 과정을 즐길 수 있어야 가능한 것이다. 공부는 기나긴 과정이다. 배움의 즐거움을 알아가고 흥미진진할 때도 있지만 힘들고 재미없는 부분을 넘어서야 할 때도 있다. 이 지루한 끝이 없는 길을 스스로의 힘으로 묵묵히 걸어가려면 자신이 원하는 것을 알고 꿈이 명확해야 한다. 그 꿈을 이루기 위해서 자신이 해야 하는 일을 알아야 하는 것이다. 이것들을 부모인 우리가 해 줄 수는 없는 일이다.

우리가 해야 할 일은 아이들이 뒤처지지 않도록 공부로 학습으로 미리 몰아붙일 것이 아니다. 아이가 내면의 목소리, 마음이 이끄는 것을 알아차리고 무언가 깨닫고 마음먹었을 때, 그 때 많은 것들을 담고 소화할 수 있도록 충분한 시간과 여유를 허락하는 것이 먼저다.

감정육아 5

지치고 불안한 엄마들

최고의 장애물
죄책감, 후회

나의 삶과 육아는 심리적인 문제들을 이해했을 때, 그러니까 나 자신을 찾아가는 내면여행을 시작하기 전과 후로 나뉜다. 심리와 내면적인 부분들을 이해하고 알아갈수록 일상에서 일어나는 모든 일들이 나에게 유의미한 순간으로 다가온다. 삶은 불편한 일, 화가 나는 일, 피하고 싶은 순간들을 내 앞에 가져다주면서 깨달음을 얻게 하고 성장시켜줌을 알고 있기에 어떤 일이 오더라도 나는 그 상황을, 현상을 받아들이고 감내한다. 그럼에도 불구하고 지금 상황에서 감사한 일은 무엇인가? 최악의 상황이라 여겨지는 순간에서 배울 점은 무엇인가? 라고 의도적으로 생각을 전환할 수 있는 의식 상태에 이르면 삶의 흐름에 나를 맡길 수 있게 된다. 저항하고 현실을 통제하려하기보다 모든 것을 내

어맡기고 깨어 있을 수 있는 것이다.

　큰 아이 하윤이가 초등학교에 입학하기 전 아이 공부고 뭐고 하도 분노가 치솟아서, 아이가 왜 그리 나를 자극하는지 몰라서 가르치고 있던 수업들을 다 그만두고 심리서적, 육아서적, 자기계발서 들을 닥치는 대로 읽기 시작했다. 그리고 엄마들의 상처, 정리되지 않은 과거, 대물림 이런 심리적인 것들을 이해하기 시작했다. 책에서 배운 배려깊은 사랑(?) 사랑이라는 것을 아이들에게 주기위해 (그 당시엔 사랑이라는 것이 뭔지 잘 알지도 못했다.) 참 많은 노력을 했다. 사랑은 아무리 쥐어짜도 잘 되지 않았다. '사랑'이라는 것은 배울 수 있는 것이 아닌가보다 하며 자괴감에 빠졌던 날이 수도 없다. 엄마들과의 만남을 의도적으로 피하며 잠수를 타기 시작해 스스로 왕따를 선택했다. 좀 더 성숙한 엄마가 되겠다고 동굴에서 마늘만 먹는 곰처럼 캔 맥주를 위안삼아. 책으로 위로받으면서 몇 년을 그렇게 지냈었다.

　하윤이 사교육을 그만두면서 누나와 4살 차이가 나는 찬유는 자연스럽게 놀고 책보는 것 외에 아무것도 가르치지 않았다. 그리 지냈던 아이가 학교에 입학을 하고 시간이 지나다 보니 수학을 많이 틀려오는데 아이는 도대체 책상 앞에 앉으려 하지 않았다. 그런 아이를 보며 이걸 어찌해야 되나 고민하는 날이 늘어났다. 숙제조차 하지 않으려 하고 자유롭게 놀며 하던 대로 하루를 보내려는 아이, 나는 그냥 저 모습 그대로 괜찮은데. 라는 생각이 들 때마다 더 생각이 많아졌다. 시험점수와 너의 가치는 아무런 상관이 없다는 걸 알게 하고 싶지만 시간이 지날수록 시험을 보는 횟수는 많아지고 틀린 문제를 숙제로 해가야 하는 날이 점점 늘어났다. 숙제로 아들과 잔소리, 실랑이 하는 날도 많아졌다. 작년 어느 날, 하기 싫다고 숫자 쓰는 것도 귀찮다고 숙제 시험지를 막 구기는 아들을 보다 꾹 참고 있던 인내심이 폭발해가지고는………

아마. 여러분도 아실 거다. 보통 이런 상황에서 어떤 일이 펼쳐지는지.

한 순간 정신 줄을 놓치는 찰나, 아주 못된 깡패로 변신해가지고는 정신없이 분노를 쏟아내며 머리로는 이건 아닌데, 하면서도 입에서는 끊이지 않고 쏟아지는 잔소리, 이건 뭐 내 의지로 제어할 수 없는 지경에 이르렀다.

아이에게 감정을 막 쏟아내면서 하윤이가 딱 찬유만 할 때 내면이 많이 건드려져 일상이 암흑 같았던 그 시기가 떠올랐다. 내 안에서 일어나는 감정들이지만 스스로 어떻게 처리하지 못해 치솟는 감정을 아이에게 쏟아내고 야단치던 생각이, 순간순간의 장면들이 떠올랐다. 첫 아이 하윤이를 키우면서 그나마 배우고 시행착오하며 깨닫게 된 것들을 둘째인 찬유에겐 적용할 수가 있다. 언제나 미안한건 큰 아이 하윤.

다른 엄마들이 모두 그렇게 하고 있고, 다른 아이들이 모두 그리하듯 나도 아이가 성장하면 가르쳐야 하는 줄 알았다. 어린이집에 다닐 때부터 이것저것 가르쳤고 그렇지 않은 척, 쿨한 척, 아이를 믿는 척 했지만 아이가 초등학교 입학을 앞두고 있을 때 내가 그리 설레었던 이유를 생각해 보면 아이에 대한 은근한 기대, 뭔가 다른 아이들보다 성과를 잘 내줄 것 같은 기대 심리때문이었다.

아이에게 잘못한 것들, 후회스러운 일들 미안한 일들을 차마 되새겨 생각할 수 없을 정도로 너무도 많다. 내 안에 억압되어 있던 감정들을 귀신같이 건드리며 분노를 유발시키던 아이. 아이 1,2학년 때 매일이 전쟁일 정도로 아이만 보면 화가 나고 분노가 치밀어 올라 얼마나 감정을 아이에게 쏟아냈었는지 모른다. 아이는 돌이켜보면 내 안에 억압된 것, 상처들을 알 수 있도록 이끌어준 안내자였다.

엄마 바로 그 부분이 엄마가 상처 입은 지점이야. 알아차리고 결산해야지. 엄마 나를 사랑하려고 하지 말고 엄마 자신을 사랑해. 나는 엄마가 행복하길 바래. 라는 의도적인 메시지를 전하고 있었던 거다. 특히나 불편한 상황, 행위로 말투로 나에게 사인을 주며 이끌어 주었다. 그렇게 나의 치유천사, 힐러가 되어준 고마운 하윤.

엄마의 감정을 다 받아주며 그럼에도 불구하고 알려주고 또 알려주며 나를 이끌어준 고마운 천사. 그 아이는 이제 삶 자체를 주도적으로 사는, 너무도 성숙해져 쉽게 범접할 수조차 없는 10대 언니가 되었다.

아이는 부모의 마음을 비추는 거울입니다.
더구나 마음의 감도가 높은 아이는 부모의 마음을 더욱 크게 비춰내는 아이입니다. 부모의 기쁨도 확대하는 반면 부모의 분노도 확대합니다.
- 부모의 긍정지수를 1% 높여라 中

결국 그 날 내가 끔찍이도 피하고 싶은 그런 시간을 경험한 이후 찬유를 안아주면서 미안하다고 사과를 했다.(용서해 달라는 말은 감히 하지도 못함) 바로 이런 순간 느껴지는 죄책감이 얼마나 아픈지 모른다. 스스로에게 두 번의 상처를 주는 '자책과 죄책감' 육아가 힘든 이유에 가장 큰 일조를 하는 요소가 아닐까 싶다. 아. 내가 참았어야 되는데, 아이에게 상처가 되는 그런 못된 말은 절대 해서는 안 되는 거였는데 내가 미친년이지 왜 사니? 너가 그러고도 엄마니? 아이들한테 창피하지도 않니? 라고 스스로를 할퀴는 내면의 목소리. 우리는 너무나 익숙하게 이런 죄책감을 끌어오며 일상을 살아간다.

그런데 꼭 기억해야 할 사실이 있다. 우리는 그저 평범한 한 인간이기에 우리가 이해하고 인식하는 한에서 생각하고 말하고 행동할 수밖에 없다. 저 너머에 무엇이 있는지 가보지 않아서 모르는 것이다. 우리의 의식이 그에 미치지 못하는데 그 상황을 어떻게 통제할 수 있단 말인가? 그렇기에 죄책감은 의미가 없다. 아이와 부딪치면서 건드려지는 감정 그 순간의 찰나, 1초 만에 무의식에 각인되고 몸으로 기억된 상처가 건드려져 비정상적으로 봇물처럼 터져 나오는 감정을 어떻게 막을 수 있겠는가? 터져 나오는 감정을 아이들에게 쏟아내는걸 정당화 하자는 이야기가 아니다. 그 순간 이를 악물고라도 참아낼 수 있으면 참아내라. 다만 나도 어찌할 수 없는 그런 순간이 찾아올 때 정말 원하지 않는 상황이 벌어지고 난 후 죄책감을 떠안고 있을 수밖에 없는 그런 순간을 얘기한다. 후회되고 자괴감에 빠진 내 감정을 어떻게 처리해야 할지 잘 모르기에 함몰된 감정에서 빠져나오기가 힘든 것이다.

나는 여러분께 감히 말씀드린다. 우리 앞에 찾아오는, 우리가 경험하는 모든 순간은 이유가 있다. 후회스럽더라도 지나간 모든 일은 의미가 있고 온전하다. 한없이 좋은 엄마 역할, 인자한 엄마만 하고 싶은 그 마음은 환상이다. 삶이라는 것은 그렇게 살아갈 수도 없을뿐더러 오히려 현실적이지 않은 그 환상을 내려놓을 때 우리는 자유로워진다. 삶이라는 것은 그저 살아감이다. 완전하지 않은 인간으로의 삶을 살면서 어찌 완벽함을 추구하는가? 서툴고 미숙한 모습으로 우리는 그 순간을 체험하며 좀 더 성숙해진다. 실수하고 원하지 않는 상황을 마주하고 깨지며 깨달음을 얻고 깨어날 수 있는 것이다. 좋은 엄마란 완벽한 엄마가 아닌 있는 그대로 내 모습 그대로 사는 엄마다. 내 엄마다운 엄마 아이들은 그저 그것을 원한다.

자책하기보다 아이에게 미안한 마음 그 마음을 차라리 진심으로 가슴으로 느끼라. 그리고 그리 할 수밖에 없었던 나 자신을 연민으로 바라보고 안아주어야 한다. 바로 이 과정이 나 자신에 대한 수용, 받아들이는 작업이다.

지금과 예전의 나를 되돌아보면 크게 달라진 점은 바로 이거다. 지금은 실수하고 서툰 모습을 누군가에게 보이더라도 그런 나를 인정하고 받아들인다. 후회와 죄책감을 또 순간적으로 끌어와 나 자신에게 상처를 입히려고 할 때 의도적으로 흘려버리는 훈련을 자주 한다. 죄책감이라는 것은 진실로 현재, 순간을 살지 못하게 하며 성장을 방해하는 훼방꾼 1순위라는 것을 잘 알기 때문이다. 우리는 경험을 통해 배운다. 나의 미숙함과 실수를 인정하고 받아들이는 것, 그 경험을 계기로 작은 깨우침을 얻어 좀 더 나은 내가 되어감을 인정하는 것 그게 바로 인생을 대하는 최선의 자세라 생각한다.

그날 하윤이에게도 네가 찬유만할 적에 엄마가 너무 잘못한 것이 많다고, 너는 기억하지 못하겠지만 잘못한 사람은 다 기억난 다며 사과를 했다. 그간 네게 상처가 되었을 것들에 진심으로 미안하다고. 아이는 나에게 미안해하지 말라고 했다. 기억이 안 난다고. ㅜㅜ

아이들은 모두 다 알고 있다. 엄마를 너무 사랑해서 그저 그들의 역할을 하는 것일 뿐. 이 지구별이라는 세상에 자신들이 치유할 영혼을 골라 서로의 성장을 돕기 위해 그들의 선택으로 우리에게 왔기에. 내가 엄마를 그리 사랑했듯 우리가 모든 부모를 그리 사랑하듯.

미안하다는 열 번의 말보다 아이들의 바다같이 넓은 마음, 따뜻한 그 사랑을 언제나 되새기고 알아차리는 것이 중요하다. 후회, 자책, 죄책감 보다는 내일은 오늘보다 나을 것이라는 믿음이 중요하다. 어제보다 오늘 조금 더 빨리 사과했으면 그걸로 됐다. 죄책감을 습관처럼 가져오려는 나를 발견할 때 즉시 의도적으로 뭐를 선택한다? 사랑을.

뉘우치고 아이들의 깊고 따뜻한 사랑을 느낀 마음, 그 마음은 즉시 우주에 기록된다.

삶이란 우리의 인생 앞에 어떤 일이 생기느냐에 따라 결정되는 것이 아니라 우리가 어떤 태도를 취하느냐에 따라 결정된다. – 존 호머 밀스

군중 속에서의 혼돈
<중1, 초3아이들의 공부법>

강연을 다니며 많은 어머니들을 만나고 느끼는 것은 너무나 많은 이야기와 정보의 혼돈 속에서 갈팡질팡하고 있다는 것이다. 차라리 누군가 강하고 명확하게 "이렇게 하세요." 라고 말해주었으면 하는 듯 하다. 중요한 것은 너무나 잘못된 육아, 교육방식을 주변에서 접하고 들으며 불안에 떨고 있다는 것이다. 육아라는 것이 정답이 있는 것도 아니고 결국 모든 것은 엄마의 선택이지만 아이를 위해서, 사랑하기에 준다는 것이 정작 아이들에게는 큰 상처가 될 수 있음을 알고 항상 배우며 깨어 있기 위해 노력해야 한다.

여름 방학식날 찬유가 받아온 통지표를 유심히 살펴봤다. 수학

수업시간에 잘 알아듣지 못하면 어떻하나 늘 걱정이 앞섰는데 수학 최종 평가 결과는 모두 매우 잘함 이었다. 통지표를 보고 의외라는 생각을 잠깐 했다. 동시에 아이는 수학을 당연히 못할 것이라고 생각하고 있는 나를 보았다. 행동특성 및 종합의견- 이라는 칸에 이렇게 쓰여 있었다.

〈학습을 할 때에 시간을 충분히 가지고 천천히 학습하는 학생으로, 조금 느리더라도 주변에 휘둘리지 않고 끝까지 본인이 해야 할 과제를 완수하는 끈기 있는 태도가 칭찬할 만함. 다만, 수업 중 여러 사람들 앞에서 발표를 할 때 좀 더 자신감 있는 태도를 기른다면 학업성취에서 큰 발전이 기대됨. 특유의 매력으로 여러 친구들이 호감을 보이는 매력적인 학생으로 학급 친구들과 두루두루 잘 지냄〉

이 글을 보고 그냥 찬유에게 미안하고 고마웠다. 엄마가 아이를 믿지 못하고 불안과 두려움에 갇혀 지내던 날이 수 년, 아이는 그럼에도 불구하고 씩씩하게 저만의 방식으로 학교생활을 한다. 어린이집을 다녀본 적이 없고, 유치원도 7세 때 1년을 다녔다. 자신이 좋아하고 스스로 빠져드는 일 아니면 뭐든지 더디게 받아들이던 아이, 초등학교 입학을 앞두고 걱정, 불안으로 나의 두려움을 수시로 대면하게 했던 아이는 너무나 덤덤하고 묵묵히 학교생활을 한다. 얼마나 고맙고 대견한지. 감사하다라는 생각이 들면서도 '다만'이라는 글 뒤에 쓰여 진 발표 이야기가 걸려 아이에게 이렇게 슬쩍 이야기해 보았다.

"찬유야, 발표할 때 조금 더 큰 소리로 씩씩하고 자신감 있게 이야기하면 어떨까?".... ^^;

아이의 대답은 너무나 시크하게도 이랬다.

"엄마, 난 잘 하고 있는데 왜?".....

방망이로 한 대 얻어맞은 기분이었다. 무심한 아이의 말을 듣고서 민망하기도 하고 참으로 작아지는 나를 느꼈다. 〈아이는 잘 하고 있다. 너의 불안이 문제지.〉 라는 내 안의 목소리가 들려왔다.

선생님 말씀대로 아이는 시간을 충분히 가지고 천천히 학습하는 유형이다. 이걸 무능과 뭐든지 못하는 아이로 받아들인다면 상황은 매우 달라진다. 아이를 바라보는 시선대로 아이는 딱 그렇게 성장하기에 내 안에서 작동하는 심리를 잘 점검하고 자각할 수 있어야 한다. 두려움에서 비롯된 불안 걱정, 조급함에 무의식적으로 휘둘린다면 엄마의 내면은 아이에게 그대로 투영되기 때문이다. 잘하고 있는 줄 알면서도 '다만'이라는 말에 걸려 그 하나도 바로 잡아주고 싶은 마음, 여러분은 진정 나의 그 심리를 공감할 것이다. 차라리 침묵하고 관망하는 것이 아이들에게 좋다. 그리고 자신의 마음을 꾸준히 들여다보는 것도 부모의 큰 임무임을 배워간다.

지금까지 글을 읽어 내려 오셨다면 위에서 소개한 어머니들의 교육은 주입식, 강압적으로 이끄는 방식과는 거리가 멀다는 것을 느끼셨을 거다. 그리고 이 한 권의 책에서 내가 전하고자 하는 메시지 또한 그것이다. 첫째 아이 하윤이가 초등학교에 입학하기 전 모든 사교육을 그만두면서 극한 불안에 시달리며 찾아보고 읽고 공부하며 실천하려 노력했던 8년여 간의 나의 육아방식이기도 하다.

　내 경우 요즘 아이들의 학습적인 부분, 일상을 어떻게 보내고 있는지 이야기해 보자면, 우선 집에서 정기적으로 챙겨하는 공부는 없다. 중학교 1학년 하윤이의 경우 집에서 공부는 전혀 하지 않는다. 학교에서 1학년은 중간고사, 기말고사라 불리는 정규시험이 없다고 한다. 가끔 수행평가를 보긴 하지만 정식 시험은 2학년부터 시작되나 보다. 하윤이 말로는 수학시험이나 영어, 과학 등 시험날짜 바로 전날 (?)쯤 쉬는 시간에 친한 친구들끼리 모여 앉아 프린트물이나 교과서로 공부를 한다고 한다.
　사교육이나 선행을 전혀 하지 않는 아이는 집에 오면 온전히 휴식시간을 갖는다. 좋아하는 스마트폰도 실컷 만지고 청소년용 문고판 책을 누워서 뒹굴 거리며 보기도 한다. 아이는 어릴 때부터 자율이 익숙해서인지 모든 것을 주도적으로 챙기곤 했다. 내가 너무 무심한 것 아닌가? 라는 생각을 문득문득 할 정도로 독립적인 아이였다.

가끔 이런 질문을 받기도 한다. 아이가 워낙 스스로 알아서 하고 공부도 잘 해서 그렇게 아이를 자유롭게 둘 수 있는 것 아니냐는 질문. 그리고 아이가 공부를 '안 해도' 시험을 잘 보는 이유는 어릴 때, 그러니까 초등학교 입학 전 가르치던 사교육 빨(??)이 아닌가 하는 의문이 든다고 하시는 분들도 있다. 학습적인 부분은 아이가 5학년 때 수학을 많이 힘들어 해서 저녁 시간 문제집을 같이 봐준 정도였고 지금은 학교에서 수학 선생님께 배우는 것이 전부다. 아이는 어릴 때부터 또래에 비해 조숙하다는 생각을 했었다. 내가 잔소리를 하거나 학습적인 면도 조금이라도 간섭하려들면 자신의 경계를 명확하게 표현하곤 한다.

하윤: 엄마 내가 우리 반에서 제일 잘해. 엄마 우리 반 뿐 아니라 내가 우리 학교 전체에서 제일 잘한다니까?
나: 뭘 잘하는데?
하윤: 다. 뭐든지 다. 엄만 내가 뭘 잘 하는지도 잘 모르잖아. 내가 알아. 걱정 하지 마. 내가 알아서 할게. 잘하고 있어.
나: ....으응.

솔직히 나는 이럴 때 할 말이 없어진다. 내가 어떻게 이끌 수도, 강압적으로 뭘 할 수도 없다고 느낀다. 정작 성적에 반영되는 시험이 시작되면 아이가 자신 앞에 놓인 상황을 어떻게 받아들일지, 그리고 어떤 마인드로 어떤 행동을 할 지 전혀 모른다. 단지 내가 알고 있는 건 아이 삶을 내가 어떻게 쥐고 흔들거나 통제할 수 없다는 것을 안다.

아이가 옳지 않은 길을 가는데 방관하거나 방임하라는 의미는 아니라는 것을 글을 읽고 있는 여러분들은 알 것이다. 그리고 내가 알고 있는 더욱 명확한 한 가지는 엄마인 내가 이런 마인드로 아이를 키운다면 아이는 옳지 않은 길을 가더라도 결국 안전한 내가 있는 곳으로 돌아올 것을 안다. 이런 믿음이 있는데 무얼 걱정하겠는가?

나는 오히려 아이가 이리저리 마음 흔들리는 대로 마음껏 가보기를 바란다. 한 아이가 성장하면서 겪게 될 성장통도 때로는 좌절도 때로는 상실도 10대라는 그 한 때에 느낄 수 있는 화사한 핑크빛 감정들도 모두 느끼며 성장하길 바란다. 그 뒤엔 아이의 든든한 버팀목인 엄마, 내가 그 자리에 늘 있을 것임을 알기 때문이다.

아이는 성적으로, 학습의 양으로 또는 다른 그 무언가에 기준을 두고 자신을 우위에 놓거나 열등을 느끼지도 않는다. 비교의 기준 자체가 없는 것이다. 아이는 그저 매일 자신에게 주어지는 순간을 산다. 아침에 묵묵히 혼자 스스로 일어나 준비를 하고 학교에 간다. 집에 와서는 자신의 욕구에 따라 놀고 쉬고 먹고 책도 보곤 한다. 선택에 있어서도 망설임은 1도 없으며 걱정하거나 불안을 지금으로 가져오지 않는다. 그리고 나는 뭐든지 잘 하니까 걱정하지 말라는 이야기는 그저 자신감이고 아이의 자존감이라 생각한다.

오지 않은 일에 대한 불안을 가져오지 않으며 현재에 충실한 아이다. 앞으로 중2, 중3, 그리고 고등학교 생활을 하면서 어떤 시간을 보낼지 예측조차 되지 않지만 나도 오지 않은 미래를 걱정하거나 미리 이 순간으로 가져와 아이와 실랑이 하지 않는다. 그저 지금 이 순간, 나도 아이도 이 순간을 살 뿐이다.

둘째 찬유는...

아이를 통해 나의 불안과 두려움을 보았기에, 나는 찬유를 바라보는 시선, 아이를 대하는 마음과 행동을 의도적으로 조심하려고 노력했고 지금도 노력 중이다. 1학년 때 받아쓰기 30점을 맞아 온 이후, 그냥 마음을 턱 하고 내려놓았다. '그래 한글, 받아쓰기 걱정해 봤자 30점 맞는 일 밖에 더 있겠냐?'라는 생각을 하니 마음이 편안해 졌다. 그날 이후 한글과 받아쓰기에 대한 마음을 내려놓으니 아이가 정말 신기하게도 받아쓰기를 100점 90점을 맞아오면서 특별히 연습을 시키거나 전날 준비하지 않아도 무리 없이 시험을 보곤 했다. 문제집을 풀리거나 수학 익힘 책을 풀어 보거나 하는 등의 학습은 전혀 하지 않았다. 학교에서 내 주는 숙제만 해 가는 정도였고 나머지 시간은 최대한 많이 놀게 했다.

2학년부터는 수학교과서랑 수학 익힘책을 한 권씩만 샀다. 시간 날 때 학교에서 배운 같은 내용을 복습개념으로 익히게 하려고 했었는데 워낙 앉아서 공부하는 습관이 들지 않았던 아이라 귀찮아하고 싫어했다. 하루에 몇 장씩 풀게 하거나 하지 않고 그냥 두었다. 그리고 3학년부터는 교과서 수학 익힘 책, 수학 문제집을 한 권 샀다. 문제집을 사면 PC나 스마트 폰 앱으로 강의를 들을 수 있어서 좋지만 아이는 지루하다고 강의는 잘 듣지 않는다. 틈 날 때 문제집을 한두 장씩 같이 풀어보고 했는데 여름 방학을 한 이후에 방학기간 동안 그 한 권만 다 풀자 라는 생각으로 한두 페이지씩 같이 공부하고 있다. 누나보다는 확실히 받아들이는 속도가 더디고 천천히 학습하는 타입인건 확실하다.

아이는 어릴 때부터 학습지도 전혀 풀지 않아서인지 문제를 읽고 문제 자체를 이해하는 속도가 느린 것 같았다. 문제집을 몇 권씩 푸는 아이, 학원을 다니는 아이들이랑 같을 수 있겠는가? 〈문제를 이해하는 속도가 느리다?〉 이건 심각한 문제 아닌가? 라는 생각으로 걱정하곤 했다. 그런데 놀라운 것은 3학년 1학기를 모두 마친 요즘 아이는 문제를 읽고 알아차리는 속도와 문제를 이해하는 수준이 이전과 매우 달라졌다는 것이다. 아이가 문제 풀이에 익숙해졌다 라기 보다 그만큼 아이가 성장했기 때문인 것 같다. 아이의 두뇌도 크는 것이다. 요즘은 아이 옆에서 지켜봐 주지 않아도 혼자서 분수, 소수 문제를 척척 푸는데 정말 초리얼로 신기하다. 때가 되면 다 하는 구나 기다려주면 그 '때'는 분명 오는구나 하는 생각을 요즘 둘째를 보면서 많이 한다. 나는 앞으로도 계속 이렇게 아이만의 속도를 존중해 주면서 늦더라도 천천히 갈 생각이다.

　중요한 것은 문제를 많이 풀리고 선행하고 대비하는 것보다 아이가 스스로 느끼는 '유능함'을 잃지 않도록 자신감과 자존감을 늘 중시하며 육아를 하는 것이라 생각한다.

　학습으로 아이를 기죽이지 않는 것, 언제고 때가 되면 아이는 스스로 한다는 것, 그리고 믿음으로 기다리면 반드시 그 때는 온다는 것을 잊지 말고 기억하자. 현재 이 순간 느끼고 누릴 수 있는 소중함을 볼 수 있는 여유를 가진다면 좋겠다. 그러지 못할 이유는 정말 없다. 한번 자신에게 자문해 보라. 지금 내가 불안한 가장 큰 이유는 무엇인가? 무엇이 나를 불안함에 떨게 만드는가? 그에 대한 답을 잘 들여다보면 실재하지 않는 허상, 자신의 과거경험과 기억에서 가져온 '스토리'일 가능성이 매우 크다.

3

해야만 하는
강박

(have to에 갇힌 엄마들)

강연장에서 만난 한 어머니의 이야기다. 강의시작 한참 전 한 분이 이른 시간에 도착해 앉아 계셨는데 강의준비를 하면서 잠깐 이야기를 나누었다. 5살 아이를 두고 있는 분이었는데 출근하고 반차를 내고 오셨다고 했다. 엄마표 영어는 강사들마다 이야기가 다 다른데 너무 많은 정보 속에서 어떤 선택을 해야 할지도, 어떤 방법이 맞는 것인지도 모르겠다며 그런 부분이 가장 힘들다고 하셨다.

아이랑 집에 있는 시간이면 늘 엄마인 자신이 아이를 방치하는 것 같은 느낌이 들어 매우 힘들다고 고민을 털어놓으셨다. 그래서 학원이나 센터 같은 곳을 보내야 하나? 라는 고민을 하는 중이라고 하셨다. 5살 아이가 엄마 옆에서 놀고 있는데 그게 왜 '방치'란 말인가? 아이가 노는 것은 자연스러운 현상인데 엄마는 아이에게 무언가를 해주지 못하고 있다는 심한 죄책감을 가지고 있다. 학원을 보내고 안보내고의 문제가 아니다. 학원을 보내고 안보내고의 선택은 아무것도 아니지만 엄마가 아이와 함께 있는 그 시간을 불편해하고 회피하는 것이라면 문제가 된다.

아이와 있는 시간이 불편한 이유는 엄마인 나 자신의 내면의 불화가 작동하고 있다는 것이다. 당연히 나의 어린 시절과 관계가 있다. 우리도 어린 아이일 때가 있었고 부모님은 그들의 신념과 방식대로 우리를 양육했다. 부모님 또한 어린 시절이 있었다. 그들도 부모님이 주변어른들이 주입하는 신념을 저항 없이 받아들이고 프로그래밍 되었다.

어리고 미숙한 아이들이 맥락이 없는 상태로 받은 상처, 그 이해할 수 없고 아픈 기억은 우리 무의식에 감정으로 감각으로 저장되어 있는 것이다. 성장하면서 학습에 포인트가 맞춰지고 자연스럽게 대학, 좋은 직장, 연애, 결혼 등 이런 순차적인 시간을 지나면서 우리 안에 기억된 아픔과 상처들은 자연스럽게 잊게 된다. 내 안에 무엇이 있는지 어떤 아픔이 있는지 그 상처가 얼마나 크고 깊은지 모른 채, 살기 위해 일단 살아가기 위해 붕대로 꽁꽁 감아놓은 그것을 잊고 살아가는 것이다.

이어 출산을 하고 아기가 성장하는 과정에서 우리안의 무의식을 점차 대면하게 된다. 아이들은 워낙 강한 빛이기에 부모의 상처, 내면의 어두운 그림자를 비추게 되어 있다. 아이 때문에 미치겠다는 것은 내 상처가 건드려져 미치겠다는 것과 같다. 아이의 문제, 상태, 현상의 문제가 아닌 우리 내면의 조화롭지 않음이 수면위로 하나 둘 드러나는 것이다. 이를 알아차리는 것만으로 상황은 개선된다. 자각, 알아차린다는 것은 매우 큰 힘을 갖고 있기 때문이다. 이런 근원을 알지 못하고 아이를 학원이나 센터로 보내는 것은 근본적인 문제와는 전혀 동떨어진 오류를 범하게 되는 것이다.

어제는 춘천 시립도서관에서 〈부모의 자존감을 되찾는 힐링 육아〉라는 강연이 있었다. 강의가 끝난 후 질의응답 시간을 가졌는데 공개적으로 두 분이 질문을 하셔서 답변을 해 드렸다. 그런데 많은 어머니들이 자리를 뜨지 않고 앉아 있었다. 혹시 질문이 있으신 거냐고 물었는데 공개적인 질문을 하기 불편한 개인적인 아픔을 가지고 있는 분들이었다.

내 앞에 가까이 오지도 못하시고 멀찍이 떨어져 울먹거리시더니 결국 눈물을 흘리신다. 그런 상황이 올 때마다 무엇을 의미하는지 나는 알고 있다. 나의 아픔과 강하게 연결되어 있는 분들, 그 아픔의 크기가 얼마나 큰지 또한 알고 있으며 그 분들이 치유와 성장의 길을 걷게 된다면 이전과는 완전히 다른 삶의 문을 열수 있다는 것을 말이다.

한 어머니는 5살 아들이 어린이집에 가는 것을 너무 싫어한다며 "슬퍼~"라는 말을 자주 한다고 하셨다. 아이가 슬퍼~라고 표현하고 있는 것은 엄마의 무의식과 관련이 있다. 엄마의 내면의 그림자를 비추고 있는 것일 가능성이 큰 것이다. 5살 아이는 감정을 섬세한 언어로 표현하기 어려워 슬퍼 라는 단어를 사용하는 것일 수 있고, 정말 슬픔을 표현하는 것일 수도 있다.

아이가 슬퍼 라는 말을 자주 하며 어린이집 가는 것을 너무 힘들어한다고 그만두게 하는 것이 옳은 것일까요? 라고 질문을 하셨다. 두 돌이 안 된 둘째아이를 데려 오셨는데 아기의 얼굴과 팔에 아토피처럼 보이는 상처가 있었다. 아토피냐고 물었더니 첫째 아이도 아토피 때문에 고생을 했는데 크면서 조금 나아졌다고 하셨다. "아이 아토피는 어머니 내면이 정리가 되면 훨씬 좋아져요." 라고 말씀드렸는데 어머니도 그 부분을 의식적으로는 알고 있다고 했다. 그런데 정작 자신이 어떻게 해야 하는 건지 모르겠다고 하셨다.

많은 분들이 그럼 어떻게 해야 하나? 라는 것을 가지고 고민하신다. '어떻게 해야 할 일'은 없다. 그저 '내 안의 두려움에서 비롯된 걱정, 불안 등이 아이를 통해 반영되고 있구나.'를 알아차리면 된다. 알아차린 다음에는 어떻게 해야 할까? 알아차림, 자각을 할 수 있게 되면 90%이상은 놓아버렸다고 생각해도 된다. 알아차리는 것이 곧 놓아버림이다. 알아차리고 내안의 불안을 자각하게 되면 흘려버릴 수 있게 되는 것이다. 주의할 일은 나 때문에 아이가 이렇게 됐어 라는 자책은 절대 해서는 안 된다. 엄마의 내면이 조금씩 정리되고 스스로 자각 할 수 있는 능력이 생기면 한 순간에 자유로워지는 것이 아이들이다. 지나간 일은 잊어버리고 원하는 지점에 초점을 맞추는 것이 훨씬 중요하다.

　같은 날 7살 아이를 두고 계신 한 어머니가 요즘 아이를 키우면서 심리적으로 많이 힘들었는데 마침 관련된 좋은 강의를 듣게 되어 감사하다고 하셨다. 아이가 요즘 부쩍 안아달라는 말을 많이 한다고 하시며 아무래도 아이가 정서적인 부분을 채우려하는 시기인 것 같다고 하셨다.

　"제가 아이를 많이 때렸거든요." 라고 말씀하셨다. 아이를 때린 것, 사랑이라고 준 것들이 사랑이 아님을 알았을 때, 나의 미숙함으로 아이에게 큰 상처가 되었음을 자각했을 때 어떤 감정인지 너무 잘 알고 있다. 나도 이런 내면적인 부분을 전혀 모르던 엄마였고 무지에서 비롯된 미숙한 행동, 잘못들을 얼마나 많이 했겠는가? 그런데 아무리 자책과 자괴감으로 힘들어 해도 되돌릴 수 있는 일은 없었다.

　내 힘으로 모든 것을 통제할 수 없음을 받아들여야 한다. 모든 면에서 조금씩 더 나아질 수 있음을 기대하고 그리 될 수 있다고 믿자. 그리고 힘들고 아프겠지만 아이를 위해서 나 자신을 위해서 치유와 성장의 길을 걷겠다고, 과거에서 벗어나 아이도 나도 자유로워지겠다고 결심하자. 기꺼이 이 어두운 터널을 통과하겠다고 용기를 낼 수 있는 것 그것만이 우리가 할 수 있는 유일한 길이다.

　강연장에서 만난 또 다른 한 어머니의 질문은 이렇다. 5살 아이를 두고 있는 분이었는데 아이가 어린이집에 가고 나면 매일 저녁에 아이와 놀아줄 엄마표 놀이 준비를 한다고 했다. 저녁식사 후 미리 준비해 놓은 엄마표 놀이를 매일매일 아이와 함께 한다고 했다. "엄마표 놀이를 왜 준비하세요?" 라는 내 질문에 어머니는 "아이랑 놀아줘야 할 것 같아서요."라고 대답했다. "놀이를 준비하는 것이 힘들지 않으신가요? 즐거우세요?" 라는 내 말에 어머니는 너무 힘들고 스트레스 받는다며 '오늘은 뭘 해야 되지?' 라는 생각만 하면 가슴이 답답해진다고 했다. 놀이를 준비하는 것이 즐겁고 재미있다면 무슨 문제가 되겠는가? 무슨 놀이를 할지 생각하면 답답해질 정도로 엄마표 놀이를 준비해야 하는 건지 진지하게 생각해 볼 필요가 있다.

　엄마는 아이가 자연스럽게 자신의 욕구와 감각에 따라 노는 모습을 지켜보기가 힘든 것이다. 바로 이 '방치'에 갇혀 아이의 자유를 통제하고 있을 수 있다는 가능성을 놓치고 있는 것이다. 무언가를 해야만 하는, 아이에게 무언가를 해 주어야 하는 강박으로 아이가 누려야 할 자유를 빼앗을 수도 있는 것이다. 아이는 물론 엄마가 매일 준비하는 엄마표 놀이를 기다릴 수도, 즐거워 할 수도 있다. 그렇지만 아이는 매일 자신을 위해 준비하는 놀이로 인해 엄마가 힘들어하고 스트레스를 받는 것은 원하지 않을 것이다. 아이는 자신을 위해 무언가를 고심하며 준비하는 것보다 엄마 마음이 평온하기를 바란다.

아이들은 자신만의 세계를 누리고 체험하며 시행착오, 좌절, 시련도 모두 경험해야 한다. 자신의 마음이 자라날 공간이 필요하다. 공상하고 멍때리고 상상하고 꿈 꿀 시간 이는 엄마가 대신해 줄 수 있는 영역이 아니지 않은가? have to에 갇혀 아이가 누려야할 온전한 영역을 침범하는 오류를 범해서는 안 될 것이다. 아이 스스로 세상을 경험하고 느낄 수 있도록 두라. 다양한 일상 속에서 스스로 체험하며 세상을 공부할 수 있도록 배려해 보자.

우리는 해야만 하는 일을 하지 않는 엄마, 방치 하는 엄마가 아닌 아이에게 모든 힘을 넘겨주고 스스로 온전히 체험할 수 있도록 배려하는, 진정한 사랑을 배워가는 엄마다. 해야만 한다는 강박에서 벗어나 통제와 방어를 내려놓으라. 아이들 스스로 많은 것을 경험하고 느끼며 그로 인해 생각과 창조력이 열릴 수 있도록 도와주어야 한다. 아이들이 세상을 탐구하는 모습을 뒤에서 지켜보며 묵묵히 사랑으로 지지해 주는 부모가 되도록 노력하는 것이 우리가 추구하고 노력해야 할 일이다.

아이를 통해
내 그림자를 보다

같은 배에서 자라고 나온 아이들인데 달라도 너무 다른 아이 둘, 하윤 찬유도 그렇지만 둘째가 태어나고 나면 모든 것이 달라지기 마련이다. 나 같은 경우엔 둘째를 출산하고 나니 첫째 아이인 하윤이가 너무 큰 아이처럼 여겨졌다. 4살 터울인 아이들 신생아가 태어난 이후 5살 아기 하윤은 '큰' 아이가 되어 엄마인 나를 도와야 했고 동생은 아무것도 모르니까 누나가 이해해야 했다. 둘째 낮잠을 재울 때 하윤이가 갑자기 들어와서 아이가 깬다거나, 둘째를 챙기고 있을 때 책을 읽어달라고 하거나 무언가 아이 자신의 욕구를 채우려는 모습을 볼 때면 불같이 화가 났다. 어렵게 찬유를 재웠는데 5살 누나의 어떤 행동으로 인해 아이가 깨버리면 나는 종종 이성을 잃곤 했다. 5살 아이, 지금 생각하면 한

없이 어린 '아기'인데 말이다.

'큰' 아이인 하윤에게 내 불편한 감정을 쏟아내곤 했던 그때를 생각하면 마음이 참 아프다. 나와는 달라도 너무 다른 아이, 자신의 욕구에 충실하고 감정과 생각을 거침없이 표현하는 그 아이를 보면 내 안의 그림자가 건드려져 괴물 같은 감정이 터져 나오곤 했다. 내 안에서 일어나는 감정인데 스스로 처리할 수 없을 만큼의 분노, 그런 감정을 만날 때면 당혹감에 어찌할 도리가 없었다.

지적 장애를 가진 언니와 장손인 귀한 남동생 그 사이에 존재하는 나. 알코올 중독 할머니와 삼촌, 수시로 병원신세를 져야하는 아빠. 나라는 존재는 주목을 받을 수도 주목을 받아서도 안 되는 존재였다. 스스로 모든 것을 알아서 챙겨야 하는 존재감 없는 존재. 언니나 남동생이 무언가 잘못을 저질러 엄마가 화가 나는 날이면 나는 아무런 잘못도 하지 않았지만 내가 잘못했다고 엄마 기분을 살피는 그런 아이였다.

착한 아이, 늘 남을 살피고 욕구를 억누르며 성장한 나, 그것이 아픔인줄도 모르고 큰 상처를 안고 살아온 나는 하윤이를 키우면서 그 억눌려있던 감각과 욕구들을 불편한 상황과 감정들로 만나게 된다. 너무도 빛이 강해 내 그림자를 수없이 건드리던 아이 하윤, 그리고 어린 시절의 나와 너무 닮아서 또 그 때의 나를 자꾸만 떠올리게 하는 둘째 찬유. 아이를 키운다는 것은 자신 안에 내밀하게 자리하고 있는 감각과 몸으로 기억된 감정을 수시로 대면하는 과정이었다. 나와는 다른 아이 하윤이를 보면 분노가 올라오고 또 나와 너무 닮은 둘째를 보면 나 스스로에 대한 분노가 걷잡을 수 없이 휘몰아쳤다.

나는 나와 너무 다른 하윤이는 불편하고 나와 좀 더 비슷한 둘째를 훨씬 편안하게 느끼며 찬유에게 좀 더 마음이 간다고 느꼈었다. 그런데 실은 두 아이에게 가는 것이 모두 온전한 사랑이 아니었음을 자각했을 때, 그때의 자괴감과 아픔은 말로는 표현을 할 수가 없다. 엄마가 한 아이에게 유독 마음이 간다거나 친밀하게 느낀다고 해 보자. 나는 둘 중 한 아이에게 좀 더 사랑을 느낀다고 생각하지만 그 아이 또한 온전한 사랑을 받지 못하고 있는 것이다. 이렇게 한 아이 뿐만 아니라 두 아이 모두 나와 연결되어 있다. 아이들은 부모인 우리의 무언가를 반영하고 있는 것이다. 한 아이에게 끌리는 느낌은 그렇지 않은 다른 아이를 통해 우리가 해결해야 할 무언가가 있음을 의미한다.

강연장에서 만난 한 어머니의 경우는 이렇다. 이 분은 큰 아이가 아닌 둘째에게 자꾸 화가 나고 아이만 보면 불편한 마음이 들어 고민이라고 하셨다. 이야기를 좀 더 나눠보니 어머니는 자각하지 못하고 있었지만 큰 아이학습을 도와주고 있을 때 어린 둘째가 와서 훼방을 놓고 방해가 되는 것에 대한 화를 가지고 있었다. 7세 큰 아이는 폴리 어학원을 다니는 중이며 영어를 줄줄 읽고 이것저것 뭐든지 잘 하는 아이라고 했다. 어머니는 내가 묻는 질문에 하나씩 답변을 하면서 자신이 큰 아이에게 학습적인 부담과 무게를 주고 있음을 알아차렸다.

자신은 알아차릴 수 있다. 어머니는 큰 아이에게 더 마음이 간다고 말을 꺼내셨지만 큰 아이도 온전한 사랑을 받지 못하고 있는 것이다. 어머니의 마음을 비춰드리니 그 분은 바로 눈물이 맺히셨다. 그 눈물이 무엇을 의미하는지 알고 있다. 돌아가셔서 자신의 내면에 어떤 것을 가지고 있는지 찬찬히 살펴보는 작업을 해 보시라고 말씀드렸다.

둘째에게만 마음이 기운다고 생각했지만 두 아이에게 간 것이 온전한 사랑이 아님을 알았을 때 나는 일주일간 침대에만 누워있어야 했을 정도로 무기력을 경험했다. 내가 귀한 아이들의 영혼을 망쳐버릴 것만 같은 두려움, 그리고 이것밖에 안 되는 나 자신에 대한 화로 견디기 힘들었던 시간이 한 달여간 계속 되었다.

힘들고 아프지만 반드시 돌아보고 해결해야 하는 문제다. 그 뼈아픈 시간이 있었기에 내면을 정리하고 놓아버릴 수 있었다. 만약 내가 이를 자각하지 못하고 무의식으로 아이들을 키웠다면 일상에서 원인도 모른 채 아이들과 부딪치는 시간들은 참 힘들었으리라. 자신의 내면을 자각했다고 해서 한 순간 다른 상황이 펼쳐지거나 문제가 사라지는 것은 아니지만 결국 자각(인식)이라는 것이 있으면 시간과 함께 모든 것은 점점 더 좋아지게 되어있다.

우리에게 주어지는 모든 불편한 상황, 위기, 시련 안에는 선물이 담겨있다. 고통과 불안은 부모인 우리를 더 크게 성장시키는 밑거름이 되며 아이들은 우리가 좀 더 진실한 자아를 찾도록 돕기 위해 우리에게 온다. 부모인 우리가 성장하면서, 살아오면서 잃어버린 내면의 빛을 되찾아 주기 위해 이 지구별에 오는 것이다.

특히나 부모와 자녀, 가족 간의 연결 그 안에 내밀하게 숨겨져 있는 좀 더 깊은 의미는 서로의 성장을 돕기 위해, 서로 상대를 비추며 자신들이 누구인지 알아가고 존재의 본질인 '사랑'을 '발현'하기 위해 이 모든 체험을 하고 있음을 알아야 한다. 힘든 시간은 이렇게 의미가 있다. 이런 관점에서 보자면 우리가 힘든 육아라는 시간을 체험하는 데는 특별한 목적이 있는 것이다. 아이를 잘 키우는 것 그 이상의 좀 더 깊은 의미 말이다.

우리가 스스로에게 물어야 할 가장 좋은 질문은 아이들이 내게 주는 신호는 무엇을 의미할까? 그 메시지에서 내가 배워야 할 것은 무엇일까? 이다. 그 물음과 답변 안에서 우리는 좀 더 열린 가슴으로 아이들을 대하고 부모의 역할을 받아들일 수 있다.

감사, 내맡김, 눈물

상처와 무의식을 대면하며 내면으로 들어가 과거를 하나둘 정리하면서 내 삶은 점점 선명해지고 심플해졌다. 뿌연 안개에 가려진 무지했던 그때, 이전에 비해 모든 것이 점점 더 나아졌다. 심리적인 것들을 하나둘 알아 가며 깨어나기 전, 그때의 내 삶을 생각하면 아이들에 대한 미안함으로 한없이 깊은 나락으로 떨어지는 느낌을 받기도 한다. 자칫하면 또 과거를 이 순간으로 가져와 내게 주어진 소중한 시간을 날려버릴 수 있음을 알기에 죄책감을 가져오려는 감각을 느낄 때면 의도적으로 이 순간에 집중하는 노력을 하곤 한다.

둘째인 찬유는 어릴 때부터 손도 잘 안가고 순둥이 중의 순둥이였을 만큼 울지도 않고 칭얼거림도 없는 아이였다. 하윤이가 6~7세 무렵 쯤 되었을 때 심리 공부를 시작했으니 찬유가 세돌 즈음이 될 때까지 심리적으로 깨어나지 못한(?)상태였다. 그 때 나의 의식수준은 '둘째는 낳기만 하면 절로 큰다.'였다. 그런 말을 워낙 많이 듣기도 했고 아무래도 처음 아이를 키울 때 보다는 힘이 많이 빠진 상태이기도 했다. 게다가 출산이후 우울증으로 일상이 무기력인 상태였기에 에너지 넘치게 육아를 할 수도 없는 상황이었다. 솔직히 말하면 아이가 울 때를 제외하고는 거의 방치 수준으로 일상이 흘러갔다.

찬유가 걷기도 전 이었던 시기, 아이가 울기라도 하면 나는 그 상황을 회피하고 전환하기 위해 "뚝!!" 이라는 말을 정말 많이 했었다. 아이에게 큰 소리로 "뚝"!! 이라고 소리치면 아이는 신기하게도 울음을 뚝 그치고 잠잠해졌다. ㅜㅜㅜ

당시에는 '역시 아이가 순하니까 뚝 이라는 한마디에 참 말도 잘 듣는구나.' 하고 생각했다. 시키지 않아도 내가 "뚝" 이라고 하면 아이도 "뚝" 이렇게 따라하면서 울음을 삼키곤 했다. 지금 이 글을 쓰면서 마음이 많이 아프다. 나 편하자고 아이의 감정을 억압하고 눌러 버리다니 가끔씩 이렇게 무지로 인해 아이들에게 상처를 주었던 일들을 생각하면 손가락하나 움직일 수 없을 만큼의 죄책감에 휩싸이곤 한다. 그런데 어쩌겠는가? 그때의 나는 그 이상 알 수 있는 의식이 아니었던 것을. 무지에서 깨어나 좀 더 성숙한 의식이 되어가고 있는 것, 좀 더 깊은 의미들을 알아갈 수 있는 것에 감사함을 선택하는 것이 내가 할 수 있는 일이라 생각한다.

자신도 모르게 뚝 이라는 큰 소리에 놀라 꿀꺽 삼켜버린 아이의 그 울음은 어디로 갔겠는가? 마음 아픈 이야기지만 울다 만 그 울음과 감정은 아이 안에 억압되어 있을 것이다. 책을 찾아 읽고 육아, 심리 강연을 찾아다니고 듣게 되면서 아이의 감정을 억압하지 않고 충분히 느낄 수 있도록 도와주는 것이 얼마나 중요한지 알게 되었다.

이후로는 아이가 어떤 일로 울음을 터트릴 때, 애써 달래 울음을 멈추도록 하지 않고 충분히 큰소리로 자신의 감정을 느끼며 분출할 수 있도록 도와주었다.

〈상실 수업〉이라는 책에는 〈30분 울어야 할 울음을 20분 만에 그치지 말라. 눈물이 전부 빠져 나오게 두라. 그러면 스스로 멈출 것이다.〉라는 내용의 글이 있다. 내면에서 건드려지는 그 무언가로 인해 터져 나오는 눈물, 그 울음과 감정을 마음껏 토해내야만 감정의 찌꺼기가 남지 않는 것이다.

우리 아이들이 빛으로 사랑으로 이 세상에 오듯이 부모인 우리 또한 사랑으로 이 세상에 왔고, 이미 사랑으로 존재하지만 살아오면서 점점 잃어버린 그것, 우리 내면의 빛을 다시 되찾아야 한다는 메시지의 글을 나는 오래전부터 자주 써 왔다. 내 블로그에 '나는 사랑이다'라는 검색어를 입력하면 12개의 포스팅이 나올 정도다. 다음은 그 중 2018년 11월 3일 아침에 썼던 감사일기 중의 일부다.

3년 전 가을부터 이유 없이 몸이 너무 아파 이러다 아이들도 못 키우겠다고 집 앞 운동장에 나가 걷기 시작했다. 그 때 감사일기를 써 볼까? 라는 궁리를 하고 시작하게 된 감사일기

▶ 그저 의도적으로 감사할 일을 찾고 노력하며 감사하기 시작했는데 3년 후 나는 이전과 완전히 다른 삶을 살고 있습니다. 삶에서 보여 지는 모든 현실은 내면의 마음 상태로 인해 창조되며 현실은 '일어나는 일'이 아닌 그저 내면의 외부 반영일 뿐이라는 것을 알게 되어 감사합니다.
생각하고 소망하는 대로, 믿는 대로 현실이 창조된다! 라는 이 놀라운 진실을 몸소 깨닫게 되어 감사합니다. 나에게 주어지는 모든 것들은 결국 나를 위한 선물, 나에 대한 신의 따뜻한 사랑이라는 것을 알기에 어떤 것이 주어지더라도 그저 감사합니다.

▶ 나는 사랑받을 자격이 있음을, 나는 감히 가늠 할 수도 없는 큰 힘 우주의 일부라는 것을 알게 된 이후 그리고 이를 가슴으로 내리고 난 이후부터 삶의 모든 것이 바뀌기 시작했습니다. '나

는 사랑이다.' 내가 왜 사랑인지 전혀 모르던 상태에서 무식하게 외치던 그 말, 이제 나는 다른 누군가를 사랑으로 비춰줄 수 있는 사람이 되었습니다. 내가 사랑임을 이해하지 못하면 어느 누구도 사랑으로 비출 수 없음을 이해할 수 있게 되어 감사합니다. 결국 주어지는 모든 것들이 성장의 기회이고 스스로 차곡차곡 쌓아온 먼지들을 닦아 낼 수 있는 기회입니다. 글로 감사 일기를 적지 않아도 매일 매 순간 감사와 기쁨으로 충만한 하루를 살 수 있어서 마음 다해 감사합니다.

나는 이런 글을 아주 오랫동안 써왔고 영상으로도 만들어 유튜브 채널에 업로드를 한지 7개월이 넘었다. 내 글을 보고, 영상을 들으면서 "모야? 왠 사랑 타령이야? 우주까지 거창도 하네." 라고 생각하는 이들도 있으리라. 그러나 한편, 내가 드리는 메시지를 가슴으로 내린 후 삶이 점진적으로 달라지는 분들도 있다. 지난 5월 〈집 팔기로 내맡기기 실험 해 본 이야기〉라는 유튜브 영상을 블로그에 공유하는 포스팅에 나는 이런 글을 썼다.

〈좋은 것을 받아들이기로, 나를 향해 비추는 그 따뜻하고 감사한 사랑을 받아들이겠다고 선택하고 마음의 준비가 되니 너무 낯설 만큼, 믿어지지 않을 만큼 좋은 일들이 나에게 온다. 의심을 가질 일도, 두려워 할 일도 걱정할 필요도 없다. 이렇게 놓아버림을 조금씩 나는 배워간다. 감사하다고 말하는 만큼 사랑을 말하는 만큼

우주는 사랑으로 나에게 되돌려준다.〉

이 글을 보고 한 분이 이런 댓글을 써 주셨다.

〈이사에 대한 이야기, 유튜브를 보고 제 얘기인줄 알았어요. 어린 시절 이사의 경험이 전혀 없었던 저는 결혼하고도 줄곧 한집에 살고 있어요. 집을 내놓고 살 곳을 옮긴다는 것이 저에겐 엄청 두렵고도 큰 일이었어요. 남들은 잘도 다니는데 난 뭐가 두려운 걸까? 저항하는 제 모습을 보며 작가님 마음 또한 공감했습니다. 삶이 내게 주는 것들, 좋은 것들을 받아들이고 가져도 된다는 생각에도 내가 정말 그래도 되나 자꾸 의심하고 되묻는 저의 모습을 봅니다.

요즘 저도 내맡기기 실험을 해보고 있어요. 재밌기도 하고 신기하기도 합니다. 나의 계획보다 삶이 내게 주는 것을 그대로 받기만 해도 더 나은 선택일 때가 많다는 것을 자각하게 되었어요. 언제나 생각하고 고민하고 계획만 세우다 실행할 에너지마저 다 뺏기고 마는 저였는데 그 순간순간의 저의 직관과 마음의 소리, 그리고 삶은 안전하고 좋은 것만을 내게 준다는 믿음을 갖고 나니 마음이 많이 편해지는 것을 느낍니다. '나는 사랑이다'라는 그 말. 처음엔 뭔 소리야? 하며 전혀 와 닿지 않았는데 제 의식이 저도 모르는 사이에 조금씩 변하고 있는 건지 처음으로 그 말을 내뱉는 순간 하염없이 눈물이 흘렀습니다. 기분 좋은 치유의 눈물인 것 같았어요. 작가님의 책과 블로그 글들, 유튜브, 추천해주시는 책들을 보며 많은

깨달음을 얻고 있어요. 마음공부 도와주셔서 정말 감사드립니다.〉

이 분은 왜 나는 사랑이다 라는 말을 처음 내뱉는 순간 하염없이 눈물을 흘렸을까?

대구 강연장에서 만난 한 분은 강의가 끝난 후 서울로 돌아오는 길에 블로그에 긴 글을 남겨 주셨다.

〈작가님, 작가님을 알고 난 후 제가 사랑임을, 아니 사랑일지도 모른다는 생각이 들고 나서부터 눈물을 자주 흘립니다. 작가님이 아니었다면 몰랐을 감정입니다. 조금씩이지만 저도 성장하고 있다고 믿습니다..〉

이 분들은 자신이 사랑일지도 모른다는 생각을 하면서부터 눈물을 자주 흘리신다고 했다. 자신이 사랑일지도 모른다는 가능성만 열어도 왜 눈물이 나는 걸까? 나 자신이 사랑이라는 것, 그것이 본성이라는 것을 우리는 이미 알고 있는 것이다. 눈물은 바로 내 안의 따뜻한 그 사랑에 접속되는 순간이다. 우리는 아주 어린 시기부터 "울지 마! 남자는 울면 안 되는 거야. 뚝!" 이런 말을 얼마나 많이 듣고 자랐는가? 나도 찬유에게 당연하다는 듯이 수시로 뚝! 이라는 소리를 얼마나 많이 했었는가? 그래서 눈물이 날 때면 죄책감을 느껴야 할 일, 수치심으로 느끼게 되는 경우가 매우 많다.

　많은 어머니들의 강연이 끝난 후 질문을 하실 때 아이 이야기를 하면서 많이 눈물을 흘리신다. 나는 어머니들의 눈에 눈물이 맺히는 그 순간이 어떤 의미인지 너무도 잘 알고 있다. 마음속으로 '많이 우셔요. 눈물이 난다는 것은 바로 치유의 순간이라는 의미입니다. 많이 우시면 치유되고 그 순간이 바로 여러분들의 본성에 닿게 되는 순간입니다.' 라는 메시지가 내 마음 안에 울려 퍼지지만 어머니들은 자신의 눈물에 대해 늘 설명을 하려고 한다. 자신의 가슴 한 부분이 저릿하게 건드려져 눈물이 글썽하는 그 순간이 무슨 설명이 필요하단 말인가?

　그 눈물이 상실이든 슬픔이든 미안함이든 회한이든 참회의 눈물이든 어떤 것도 괜찮으니 많이 울면 좋다. 혹시라도 통곡이 터져 나온다면 정말 대박인 순간이라고 나는 늘 말한다. 그런 순간이 찾아올 때가 바로 내 안에 꽁꽁 갇혀 있던 감정을 놓아버리고 흘려버릴 수 있는 절호의 기회다. 남편이나 아이들에게 내가 갑자기 뜬금없이 눈물을 흘리거나 소리 내어 울더라도 신경 쓰지 말라고 미리 말해 둔지 오래다. 그리고 어쩌다 감정을 만날 때면 그 감정을 충분히 느끼기 위해 노력하는 편이다. 억눌린 감정을 표출할 수 있도록 허용하는 바로 그 순간이 울음인 것이다. 어쩌면 30년, 40년 이상 꾹꾹 눌러온 억압된 감정이 물꼬를 트기 시작해 끝도 없는 통곡의 눈물이 터져 나올지도 모른다.

아이의 울음 뿐 아니라 우리가 흘리는 눈물, 눈물이 터져 나오는 순간은 아주 큰 의미가 있다. 눈에 눈물이 맺히는 그런 순간들을 한번 주목해 보라. 말을 하거나 어떤 생각을 할 때 울컥해서 눈물이 맺히는 그런 순간 말이다. 군대생활을 하고 있는 군인들이 엄마를 생각하며 엄마에게 영상편지를 남길 때 그들의 감정은 어떠한가?

얼마 전 백종원의 골목식당이라는 프로그램에서 한 나이 지긋하신 여자 사장님이 백종원 선생님께 기울어가는 우리 식당에 찾아와 이렇게 다시 가게를 살려주시고 도와 주셔서 감사하다는 영상편지를 남기면서 눈물을 글썽이던 장면을 본 적이 있다. 이렇게 진실에 가까워지는 순간은 듣는 사람, 보는 사람의 눈에도 자동적으로 눈물이 맺히기 마련이다.

한 분은 내 유튜브 영상을 보고 어릴 때부터 눈물이 많던 자신을 이상하게 생각하곤 했었는데 눈물이 유난히 많은 것에 대해 죄책감을 가질 일이 아니라는 것을 알게 되었다며 감사하다고 글을 남겨 주시기도 했다.

자신 안에서 일어나는 어떤 감정도 모두 허용하는 것, 어떤 감정이 일어나도 느껴도 괜찮다고 허락해 주는 것이 바로 자기 수용이다. 어린 시절부터 이를 억압해 왔기 때문에 내 안에서 일어나는 감정들을 온전하게 바라봐 주기 어려운 것이다.

공감 받지 못했기에, 받아들여지지 못했기에 성인이 된 우리는 이렇게나 마음이 공허하고 많이 아프다. 돈을 들여 공감받기 위해, 내 이야기를 들어주는 사람에게 가서 코칭을 받고 심리 상담을 받기도 하지 않는가? 알았으니 자신에게 어떤 감정을 느끼더라도 그 감정은 온전하다고 내가 그 감정을 받아들여주겠다고 스스로에게 말할 용기를 내어 보자.

만약 그럴 수 있다면 아이뿐 아이라 상대의 어떤 감정도 온전하다는 것을 자연스럽게 받아들일 수 있으며 상대의 그 감정과 행위들을 품을 수 있는 상태가 된다.

사랑은 어딘가에 존재하는 그 무엇이 아니다. 사랑은 그저 허용과 수용의 상태인 것이다. 나 자신을 있는 그대로 받아들이고 상대를 있는 그대로 존재하도록 바라볼 수 있는 상태, 그것이면 나는 이미 사랑이다. 어디에도 없는 파랑새, 환상에 특별함을 부여하지 않는 것 그것이 바로 치유이며 성장이다.

6

아이들에게 주어야 할
두 가지 진실

　작년 2학년이었던 찬유의 참관수업이 있던 날 〈엄마를 칭찬
하는 발표하기〉라는 주제의 수업이 있었다. 참관수업이 있던 며
칠 전 아이에게 물어보니 찬유가 "엄마들 오는 날 친구들이 엄
마에 대한 좋은 얘기를 앞에 나가서 발표하는 거야."라고 했었
다. 참관 수업 날 아이들이 한두 명씩 나와 발표를 하는데 "저희
엄마는 청소를 잘해요.", "저희 엄마는 요리를 잘 해요." 등 대부
분 역할에 관한 칭찬을 하는 아이들이 많았다. 찬유가 나와서 발
표를 하는데 아이는 이렇게 말했다. "저희 엄마는 저를 사랑해
요."..........

　아앗...........순간 옆에 있던 어머니들에게서 어머~ 라는 탄성
이 들렸다. 아이가 예상 밖의 말을 꺼낸 그 순간 너무 감동적이어

서 달려가 꼭 안아주고 싶었다.

아이들의 발표가 끝난 후 선생님은 〈물은 답을 알고 있다〉라는 짧은 동영상을 보여주셨다. 물을 놓고 어떤 말을 들려주는가에 따라 물 결정체가 변한다는 내용이었다. 물에게 "사랑해"라고 말 하니 현미경으로 본 물 결정체가 참으로 아름답게 변했고 짜증나 바보 등의 부정적인 말을 하면 물의 결정체가 엉망으로 보였다.

아주 오래 전 〈물은 답을 알고 있다〉라는 책을 인상 깊게 본 적 이 있다. 모든 물질과 감정, 의식은 파동으로 이루어져 있고 물에 어떤 파동이 영향을 미치는가에 따라 물 결정이 확연하게 달라진 다는 내용을 사진과 함께 설명하는 책이다. 사랑과 감사의 말을 들은 물 결정이 보석처럼 빛나는 모습은 우리가 서로에게 어떤 말을 하고, 어떤 삶을 살아야 할지 깊게 생각해 보게 한다.

우리 몸은 70%가 수분이라는 점을 생각해 보면 이는 엄청난 메시지인 것이다. 이 책은 〈인간은 물이다. 이 말은 세상의 모든 비밀을 푸는 열쇠다.〉라는 글로 시작된다. 이 두 문장이 책 한 권 의 모든 부분을 요약해 놓았다고 할 수 있다.

찬유가 발표하는 모습을 보고 돌아와 한동안 아주 많은 생각을 하게 되었다. 늘 부족한 엄마 자격 없는 엄마라는 생각, 죄책감으 로 물들이며 지나온 육아라는 시간이었는데 아이가 나를 생각하 면 사랑이 떠오른다니 얼마나 감사하고 기쁜 일인지 아이에게 너무 고맙고 마음이 따뜻해졌다. 이후로도 아이는 나를 생각하면 늘 사랑을 떠올렸다. 아이의 마음속에는 '사랑'만 있는 것 같다는 생각이 들 정도로 아이는 사랑을 많이 말하고 글로 쓴다. 학교에서 배려를 실천한 일을 적는 글에도 아이는 '사랑'을 적었고 글쓰기 숙제에 써 놓은 글을 보면 늘 사랑으로 마무리가 된다. 3학년 1학기 학부모 상담 시간에 선생님이 보여주신 심리환경 조사서에도 엄마에 대한 사랑의 글로 가득 채워져 있었다.

얼마 전 아이가 잠자리에 누워 눈을 감고 있는데 그 모습이 너무 예뻐서 아이 얼굴을 쓰다듬으며 이렇게 말했다.

"아까 화장실에서 엄마한테 그렇게나 화를 내고 소리 지를 정도로 엄마가 미웠어?"

내가 묻는 말에 아들은 눈을 감은 채 이렇게 대답했다.

"아니, 엄마가 나한테 화를 내도 나를 사랑하는 것처럼 나도 그래."

그 말을 듣는 순간 나도 모르게 눈에 눈물이 맺혔다. 아이들은 모든 것을 알고 있는 영적인 존재라는 생각이 들 때가 자주 있다. 가끔은 우주와도 같은 무한한 사랑으로 나를 품어주는 것 같은 따스함을 느낄 때도 있다. 엄마를 생각하면 사랑이 떠오르는 아이, 자신에게 화를 낼 때도 있지만 자신에 대한 엄마의 마음은 사랑이라는 것을 알고 있는 아이, 이것 이상 무엇을 바랄까 싶다.

〈물은 답을 알고 있다〉에서는 물에 '사랑'과 '감사'라는 글자를 보여주기만 해도 물의 결정이 달라지는 놀라운 결과를 보여주었다. '사랑과 감사'를 듣고 본 물은 아름다운 결정을 만들었고 '악마'라는 글자를 보여준 물의 결정은 중앙에 검은 형상을 만들었다. 어떤 메시지가 전달되느냐에 따라 대상은 다른 에너지를 만들어 내는 것이다. 긍정적인 마음과 의식으로 아이들 뿐 아니라 상대를 비출 수 있어야 한다. 사랑과 긍정, 감사로 우리 몸속 물도 맑고 아름답게 정화할 수 있다.

아이들에게 주어야 할 가장 중요한 메시지는 무엇일까?

내가 여러분께 전하고 싶은 최고의 가치는 두 가지다.

첫 번째는 〈너는 할 수 있어〉다.

자신이 할 수 있다고 믿으면 모든 것이 가능해진다. 원하는 것을 이루어 내고 성취하는 과정 중에 실패하느냐 그렇지 않느냐와는 별개의 문제인 것이다. 나의 경우 '무능'이라는 자아의 관념을 가지고 살아왔다. 나는 할 수 없어, 나는 운이 없어, 나는 안돼 이런 식의 생각이다. 스스로를 한계 짓는 자신에 대한 인식과 관념은 자신이 정한 것이다. 이는 어린 시절 어떤 메시지를 보고 듣고 자랐느냐에 많은 영향이 있을 것이다. 부모가, 사회가 주는 대로 과거의 경험대로 자신을 규정지어 버리는 것이다. 이는 진실이 아니다. 한계 없는 지성과 힘은 이미 우리 안에 모두 있다. 이를 알고 도전하며 발현할 수 있으려면 자신의 무한한 힘이 자신 안에 있음을 알아야 그 힘을 사용하고 꺼내 쓸 수 있는 것이다. 이는 단순히 성과와 성취의 문제가 아닌 삶에 대한 자세와 태도에 관련되며 영향을 미치기 때문에 그 어떤 신념과 메시지보다도 중요하다.

두 번째 메시지는 〈너는 사랑 받고 있어〉

우리는 누구나 사랑받고 있다. 이것이 진실이다. 나라는 존재가 이미 사랑이고 우리는 우주의 무한한 사랑을 받고 있다. 그렇지 않다고 느끼는 이들은 '사랑받지 못함'이 아니라 자신을 향해 비추고 있는 한계 없는 사랑을 '인지하지 못함'인 것이다.

아이들에게 이를 알려주지 못하면 아이들은 어디서도 찾을 수 없는 파랑새를 찾아 헤매게 된다. 이미 자신 안에 있는 그 사랑을 발견하지 못하고 끊임없이 어딘가에서 사랑, 인정을 갈구하며 찾아다닌다. 나는 이 진실을 40년 만에 가슴으로 이해했다. 평생을 불행으로 살아온 나라는 사람이 행복해 질 수 있으려면 나는 무엇을 해야 하나 고군분투하며 나아온 시간이 8년여가 걸렸다. 그렇게 찾아 헤매고 다니던 그 파랑새는 내 가슴 안에 있음을, 이미 나 자신이 사랑이고 빛임을, 한계 없는 우주의 일부임을 알게 되기까지 그렇게 오랜 시간이 걸렸다.

내가 40년 만에 발견한 이 진실을 아이들이 알고 살아가게 한다면 얼마나 좋겠는가? 누구에게나 있지만 아무나 찾을 수 없는 그것, 사랑은 이미 우리 안에 있고 우리 자신이 사랑임을 알게 해 주어야 한다. 특히나 그 사랑은 꺼내어 쓸 때, 더 많이 꺼내어 비워질수록 마르지 않는 마법의 샘물처럼 우리 안에 더 많이 들어차는 것이라고 알려주어야 한다.

우리가 추구하고 찾아 헤매는 그것은 우리 가슴 밑 깊은 곳에 이미 의연하게 그렇게 있다. 아이들이 게임을 많이 하고 수학 점수를 잘 받아오지 못하는 것은 이러한 진실 앞에서 아무것도 아니다. 아이들을 가르치고 통제하고 싶은 마음을 내려놓고 나 자신을 받아들이고 스스로 만족할 수 있으려면 어떻게 해야 하나를 고민해야 한다.

나 자신이 사랑임을 알지 못하면 어느 누구도 사랑으로 비출 수 없다. 자신과 하나 되지 못하고 내면과 외면이 분리된 상태로 어떻게 아이들에게 진실 된 사랑을 보여줄 수 있겠는가?

자신에 대한 관념을 한 순간에 바꿀 수는 없는 일이다. 그렇지만 삶이란 과정의 연속이다. 치유도 삶의 변화도 한 순간에 이루어지지 않지만 우리가 할 수 있는 일은 그저 주어진 하루하루 안에서 작고 사소한 깨달음과 배움을 하나 둘 발견하며 성장으로 나아가는 것이다. 살아오면서 쌓아온 불필요한 부정적인 것들을 알아차리고 놓아버리면 비워진 자리에 사랑이 들어선다. 하나둘 놓아버리면서 발견하는 그 작은 사랑을 아이들과 나누는 것 그것이 우리 삶의 최고의 가치가 아닐까 생각한다.

자신이 한계 없는 지성과 앎의 근원임을 알고 살아갈 수 있도록 도와줄 수 있다면 그 이상 우리가 아이들에게 주어야 할 무엇은 없다. 우리는 아이들에게 최고의 선물을 이미 선사했다. 우리 부모님이 우리에게 삶이라는 최고의 선물을 주셨듯이 우리 또한 아이들을 10달 동안 우리 안에 품고 그 힘든 시간을 이겨냈으며 지구별 여행을 시작할 수 있는 기회, 삶을 선사했다.

아이들은 부모의 성장을 돕기 위해 좀 더 성숙한 인간으로 완성시키기 위해 스스로 선택해 우리에게 오는 '힐러'들이다. 우리는 그렇게 선물로 받은 아이들을 귀하게 대하며 살뜰하게 키워낼 임무는 있지만 그들을 소유하거나 그들을 통해 내 우월감을 채울 권리는 없다.

아이들의 인생에 대한 책임 또한 그들의 몫이다. 고유한 결을 잃어버리지 않도록 잘 지켜내 자신의 삶을 향해 자유롭게 날아갈 수 있도록, 그 모습을 기쁘게 바라보며 축복해 줄 수 있어야 하는 것이 양육의 최종 목표라 생각한다. 그럴 수 있으려면 아이와 연결되어 있는 심리적인 것들을 분리하는 작업을 조금씩 해 나가야 한다.

아이들과 부모인 우리의 궁극의 목표는 '분리'다. 우리 안에 있는 외로움, 결핍, 내적 상처들을 놓아버리고 아이들의 독립을 축복하며 우리 또한 성숙한 한 인간으로 우뚝 설 수 있는 것이 양육의 궁극의 목적, 완성이 아닐까 라는 생각을 하며 나는 늘 하루하루를 산다.

두려움 뒤에
가려진 사랑

2017년 10월 서울대학병원 중환자실에서 엄마는 숨을 거두셨다. 간경화 환자셨는데 추석 전날 방에서 넘어지면서 부종으로 거대하게 늘어난 몸무게를 감당하지 못하고 갈비뼈, 어깨 고관절이 부러지는 사고가 있었다. 호르몬이 급격히 변하면서 간수치가 올라가고 없던 당뇨가 생기면서 약물이나 주사로도 조절이 되지 않는 상태에 이르렀다. 하루하루 급격하게 의식을 잃어 가면서 구급차를 타고 병원으로 모시고 간지 정확히 17일 만에 엄마는 다른 세상으로 가셨다.

끝나지 않을 것 같은 인연, 내가 그리 증오하고 경멸하던 엄마와의 남겨진 시간이 오직 17일 이라는 것은 상상도 하지 못했다.

119구급차를 타고 엄마를 병원에 모시고 가는 날까지도 나는 엄마를 원망했다. "그러니까, 몸 관리 좀 진작 하지, 운동을 좀 하고 그랬어야지. 엄마가 계속 이러니까 내가 아무것도 못하잖아!"라며 구급차 안에서 엄마에게 얼마나 모진 말들을 쏟아 냈는지 모른다.

7월에 간수치가 너무 올라가고 부종 때문에 몸이 심상치 않아 집에서 30분 거리의 병원에 엄마가 한 달 동안 입원을 했었다. 내 첫 저서 〈엄마표 영어 학습법〉 퇴고를 해야 하는데 엄마가 입원을 하니 아무것도 할 수가 없었다. 보호 받아야 하는 장애인 언니는 엄마 침상 옆, 보호자 자리에서 함께 지냈다. 나는 언니의 식사를 매일 챙겨 병원에 가야 했고, 공동 샤워장에서 언니를 빠르게 씻겨줘야 했다. 필요한 결재를 하고 이것저것 챙기고 집으로 돌아오면 아이들 저녁밥을 차려줄 힘조차 남아있지 않았다. 그 상황에 대한 분노, 엄마, 언니에 대한 분노가 말로 표현이 안 될 정도였다.

나에게 해 준 것도 없으면서 이제 와서 시간, 돈, 정신적으로 모두 내 것을 빼앗아 간다고 느껴지니 그 분노를 어찌할 길이 없었다. 퇴고, 아이들, 엄마, 언니. 챙겨야 할 것은 많은데 내 몸은 하나였다. 정신적으로 너무 힘들어서 지푸라기라도 잡는 심정으로 블로그에 긍정의 글을 쓴 기억도 난다. 버티기 위해서.

구급차를 타고 엄마와 병원으로 향할 때까지만 해도 나는 뼈

골절이라고는 생각하지도 못했다. 그저 또 시작되었구나 내가 또 무엇을 얼마나 감당해야 되는 걸까? 라는 생각뿐이었다. 17일이라는 시간동안 구급차를 7번을 옮겨 타야 했었다. 한 병원에서 하루나 길면 이삼일 머무르고 계속 더 큰 병원으로 옮겨야 했다. 병원에서도 당황하며 손쓸 수 없는 상황, 옮겨 다니며 새로 가는 병원마다 씨티, 엑스레이 사진을 새로 찍어야 했고 그 과정을 거치면서 엄마 몸은 무너져 내렸다. 가장 가까운 가족, 엄마의 예측하지 못했던 갑작스러운 죽음의 문턱 앞에서 나는 내 깊은 내면의 무언가를 인지했다. 당시에 내 무의식은 모든 것을 알고 있는 듯 느껴졌다.

방에서 화장실로의 거동이 전혀 되지 않는 엄마를 보고 엄마가 이러면 언니는 어쩌지? 엄마가 병원에 계속 입원해 있게 되면 언니는 어떻게 해야 되는 거지? 라는 생각이 꼬리를 물기 시작하니 일상을 살 수 없을 정도로 내 몸이 아팠다. 현실을 되돌리고 싶은 강한 저항 때문에 견딜 수 없이 힘들었다. 엄마의 눈은 서서히 초점이 흐려지고 있었다. 초점 없는 시선으로 한 곳을 멍하니 응시하는 모습을 보면서 나는 직감했다. 엄마와의 시간이 얼마 남지 않았음을.

내 의지와는 상관없이 처참하게 무너지는 엄마 몸을 보면서 받아들이고 싶지 않았다. 현실에 저항하는 마음 때문에 나는 대수

술을 받고 난 사람처럼 온 몸이 아팠고 정신적으로도 버티기 힘들었다. 어느 시점이 되니 더 이상 저항하며 몸부림 칠 수 없음을 받아들여야 하는 순간이 찾아왔다. 그 때 나는 가슴을 열었다. 내 힘으로 어찌할 도리가 없음을 받아들이는 것, 그리고 나보다 훨씬 더 큰 손, 우주에 모든 것을 내어 맡기기로 했다. 어떠한 상황이 찾아오더라도 받아들이기로 용기 낼 수 있는 것 그저 그것이 내맡김이라는 것을 나는 그 때 배웠다.

결국 완전히 의식을 놓으시고 서울대학교 병원 중환자실로 들어가신 이후 하루에 오전, 오후 두 번의 면회시간 외엔 엄마를 볼 수 없었다. 오전, 오후 면회시간에 엄마를 보러 들어갈 때마다 점점 다른 모습을 하고 있었다. 오전에는 그 모습이 아니었는데 반나절 만에 엄마의 호흡은 사투를 벌이고 있었다. 병원에서 새벽마다 걸려오는 전화소리에 놀라 깨는 일이 몇 번 있던 이후로는 잠도 잘 오지 않았다.

모든 결정은 엄마가 한다는 것을 알고 있는데 언제가 될지 그 누구도 알 수 없었다. 그 절정의 순간에는 엄마와 나만 아는 가족사, 수치심으로 물들이던 과거, 삭제하고 싶은 찌질했던 우리 삶의 기억들은 아무것도 아니었다. 그 때는 잠깐의 미래를 예측하는 것조차 사치였다.

엄마와 나에게 주어진 면회시간 20분, 지금 이 순간이 '모든 것'이었다. 불러도 대답은커녕 의식조차 없는 엄마지만, 비록 점점 굳어 가는 손이지만 만지고 주무를 수 있는 지금, 아직은 체온을 느낄 수 있는 지금, 그동안 죄송했다고 고백할 수 있고, 사랑한다고 말할 수 있는 지금. 과거도 미래도 아닌 오직 지금 이 순간에 몰입하고 감사하는 것, 바로 그것이 순간을 사는 방법이었다.

서둘러 서울대학병원 원목실 신부님에게 병자성사를 요청했다. 신부님은 의식 없이 누워있는 엄마 이마와 팔에 성유를 발라주신 후 이제 병자성사 받았으니 두려워하지 마시고 힘내시라고 엄마에게 말씀하셨다. 그리고 나에게 "화해하세요."라고 갑자기 말씀하셨다.

너무 어린 시기부터 어른이 되어야 했던 나, 정서적으로 경제적으로 가장역할을 아주 오랜 시간동안 해 온 나, 나에게 왜 그렇게 무거운 짐을 지어 줬느냐고 너무 힘들었다고 나는 늘 해결사 역할만 해 왔지 엄마에게 온전한 사랑 한번 받아보지 못한 것 같다고 왜 그런 삶을 살게 했었느냐고 말했어야 했다. 이제 와서 이렇게 가버리는 거야? 나 너무 억울해. 라는 이야기가 나왔어야 했다. 그간 내가 바라본 나의 자아와 나의 삶을 되돌아보면 억울하고 허망하다고 소리를 질러야 했다. 그런데 내 입에서 순간 1초만에 튀어나온 말은 "사랑해."였다. "엄마, 사랑해."

오직 그것만이 진실이었다. 죽음이란 사랑과 삶의 의미를 배우는 작업이다. 죽음을 앞둔 시간은 많은 체험을 하면서 점점 잃어버린 자신의 빛을 환하게 드러내는 시기다. 죽음이란 살아오면서 자신도 모르게 주변에 쌓아왔던, 두려움에서 비롯된 부정적인 것들이 모두 사라지고 진실만 남게 되는 바로 그것이었다. 의식도 없고 호흡의 사투를 벌이며 누워만 있는 엄마였지만 내가 그 모든 진실을 알게 했다.

전쟁을 경험하셨다. 녹록치 않고 지난했던 그들의 삶을 살아내느라 자신을 위해서 두려움을 선택할 수밖에 없었던 삶, 그리고 자신의 죽음을 앞두고서야 그리 자신의 존재를 빛으로 확 드러내고 가는 엄마를 보며 정말 많은 것들을 깨우칠 수 있었다.

나는 엄마의 인생을 보면서 내 삶이 어떻게 흘러가지 않기를 바라는지 늘 생각했었다. 한편으로는 남아 있는 내 삶에 어떤 것에 중점과 가치를 두고 살아야 하는지를 명확하게 알려주신 셈이다. 결국 내가 그리 원망하던 엄마는 자신이 빛이고 사랑임을 알게 하고 나 또한 누구인지 비춰주고 가시며 나의 영적 스승이 되어 주셨다.

아주 오랜 시간동안 치유하고 성장하겠다고 책을 읽고 강연을 찾아다니며 최대한 많은 지성을 쌓아야 한다고 생각했다. 그래야 내가 변할 수 있다고 생각했다. 그런데 내가 그리 오랫동안 찾아 헤매던 것은 외부의 지성이 아니었다. 내가 그리 추구하고 간절히 원하던 그것은 사랑과 지혜였다는 것을 나는 어느 순간 깨달았다.

이는 모두 내 안에 있었으며 지혜라는 것은 지성과 함께 놓여 있는 것이 아닌 우리 가슴속 깊은 곳에 내밀하게 숨겨져 있음을 알게 되었다. 나는 이미 모든 것을 알고 있었고 지금도 알고 있으며 앞으로도 계속 알 것임을 안다. 내가 지금까지 살아온 시간동안 가장 파워풀하게 성장할 수 있었던 계기는 어디에서 배우고 찾은 것이 아니었다. 모든 것을 받아들이고 감내하겠다는 나 자신의 태도와 끊임없이 스스로에게 물었던 것, 그리고 직관을 따르려고 노력했을 때였다.

내 안의 힘을 믿고 기꺼이 힘들고 어려운 시련을 이겨낼 때 내 안에 잠들어 있던 거대한 존재가 꿈틀거리며 힘을 드러내기 시작했다. 내 앞에 놓인 그 시련을 담대하게 혼자 힘으로 통과했고 그러고 나니 나는 그 시련보다 훨씬 큰 사람이 되어 있었다. 결국 내면의 무한한 힘과 지혜를 믿고 자신 안으로 들어가는 것, '성찰과 수용'이 우리가 잃어버린 무한 잠재력을 되찾는 방법이다.

우리는 지식으로 우리를 채워야 한다고 믿고 있으며 그 목적을 위해 정보를 끊임없이 얻고 저장하려 한다. 이는 진정한 자신이 되지 못하게 하는 가장 큰 원인이 된다. 좀 더 나은 내가 되기 위해 끊임없이 다른 무엇이 되려고 자신을 몰아붙인다. 진정한 '앎'은 우리 내면에서 나오는 것이며 본래 우리는 지혜로운 존재다. 중요한 것은 현실을 통제하려는 마음을 내려놓고 가슴을 여는 것이다. 내 안의 울림, 작은 마음의 목소리를 믿기 시작할 때, 직관을 알아차리는 것에 눈을 뜰 수 있을 때 역설적으로 우리는 한계 없는 지성과 지혜, 무한 잠재력을 발견할 수 있다. 더 이상 특별한 것은 없다.

변하지 않는 위대한 진리와 진실은 이미 아주 오래전부터 존재했다. 우리가 할 일은 무엇을 얼마나 더 하느냐가 아니라 단순하고 소박한 본질로 돌아가 좀 더 진실에 가까워지고 그 안에 머무르도록 노력하는 것이다. 아이들 좋은 교육을 시키고, 무엇이든 잘 하는 영재, 엘리트를 만드는 일보다 내 아이의 작고 토실한 손, 귀여운 볼 살에 아이의 미소에 내 시선을 머무르게 하는 것이 훨씬 더 어려운 일이다.

과거는 이미 이 순간이 아니고 미래 또한 여기에 없다. 과거와 미래를 이 순간으로 가져와 실재를 보지 못하는 우를 범해서는 안 된다. 모든 것을 재구성하고 새로운 창조를 이루어 낼 수 있는 가장 파워풀한 이 순간을 허비하지 마시기를. 그저 지금 이 순간 사랑 안에서 현재를 사시기를.

나와 내 아이를 믿고 우리 자신이 이미 창조의 근원임을 알아차리시기를. 그리고 자신에 대한 담대한 수용으로 삶의 새로운 문을 열 수 있기를.

8

사랑 안에서
현재를 살기 (용서, 자기사랑)

　엄마와의 마지막 시간과 죽음에 대해 언급한 이유는 그 시간들을 보내며 변하지 않는 진실을 깨달았고, 그 진실이 내 삶에서의 최고 가치이기 때문이다. 나는 엄마의 죽음을 경험하면서 사랑과 두려움을 동시에 이해했다. 누구나 사랑 덩어리 오직 그 자체로 이 세상에 오지만 살아가면서 두려움이라는 옷을 하나 둘 껴입으며 자신이 누구인지 점차 잊어버린다. 그리고 나라는 존재가 그 자체인 것처럼 두려움으로 점철된 삶을 살아간다.

　죽음은 부정적인 것들이 사라지고 정화되어 오직 우리 존재의 본성, 사랑만이 드러나는 그런 상태다. 극하게 무너지는 엄마의 마지막을 보면서 내 안 깊은 곳에 있는 본성을 발견하게 되었다. 우리의 본성인 〈사랑〉 우리는 대부분 이 진실을 모르고 살아간다. 내가 누구인지 그리고 어디로 향해 가는지도 모른 채 그렇게 무의식적으로 일상을 살아간다. 더욱 중요한 문제는 이 무의식의 대부분이 우리의 반복되는 기억에 좌우된다는 것이다. 과거 경험에 의한 인식들이 우리의 일상을 그리고 미래를 지배하는 것이다.

나는 어쩌다보니 이전과는 완전히 다른 의식 상태로 살아가고 있다. 엄마를 다른 세상으로 보내드리며, 그리고 장애인 언니의 보호자가 되는 끔찍이도 마주하고 싶지 않았던 그 상실과 시련의 시간을 겪으며 큰 치유를 경험했다. 그리고 영원히 변하지 않는 진실 '사랑'에 눈을 뜨게 되었다. 살아온 날보다 살아갈 날이 훨씬 더 많은 나이에 감사하게도 그 진실을 가슴에 안고 살아간다. 내 삶에서 발견한 가장 최고의 가치, 그것을 나는 강연으로 유튜브 영상으로 글로 나누고 있고 또 그 메시지를 다시 강조하려 한다.

죽음은 사랑과 삶의 의미를 배우는 작업이라고 앞서 이야기했다. 엄마가 다른 세상으로 들어가면서 가져가는 유일한 것은 자식과 가까운 사람들에 대한 기억(사랑)뿐 이었고, 남겨진 나에게 남는 유일한 것도 사랑이었다. 나 또한 언젠가는 죽음을 앞둔 순간이 찾아올 것이다. 그 때에 죽음이라는 문 앞에 다다른 병석에 누운 나는 내 아이들과 어떤 작업을 하게 될지 너무나 명확하게 잘 알고 있다.

엄마가 돌아가시면서 내게 주었던 메시지, 진정한 사랑을 배우는 그 작업을 아이들도 나도 할 터임을 알고 있다. 그 때 알게 된 진실을 절대 잃어버리지 않고 살아갈 것을 내가 아는 것처럼 우리 아이들 또한 내 죽음을 경험하며 그 진실을 깨우치고 진실한 사랑에 눈을 뜨게 될 것임을 알고 있다. 그렇기에 나는 오지 않은 미래, 특히 아이들에 대한 걱정이나 아이들의 인생에 대한 책임을 두려워하며 불안을 이 순간으로 가져오지 않는다.

아이들은 우리에게 잠시 맡겨진 작은 스승이다. 우리는 그 아이들을 정성스럽게 키우며 서로를 통해 사랑을 알아가고 배울 임무는 있지만 무의식적으로라도 그들을 우리 곁에 머무르게 할 권리는 없으며 교육이라는 이름으로 아이들을 통해 우리들의 우월감을 채울 권리 또한 없다.

상대는 자신을 비추는 거울이다. 서로의 성장을 돕기 위해 우리는 이 모든 체험을 하고 있다는 것을 꼭 기억하기 바란다. 비록 이 말이 전혀 와 닿지 않거나 아직 이해할 수 없다 해도 말이다. 우리는 본래 지혜로운 사랑이기에 서로를 좀 더 진실에 가까이 갈 수 있도록 안내한다. 불편한 행위와 말투로 피하고 싶은 상황으로. 그 힘들고 치열한 시간들을 부딪치며 통과해야만 성장하고 우리 자신이 누구인지 기억해 낼 수 있다.

딸아이가 중학교에 입학한 이후 2주가 채 되기도 전에 나는 극한 상실감을 감당해야 했다. 아이가 친구들만 좋아하거나 엄마인 나와 시간을 보내지 않는 등의 그런 이유 때문이 아니라 아이가 그만큼 드라마틱하게 성장한다는 얘기다. 특히 정서적으로 많이 성숙해 지는 시기다. 외모도 말투도 생각하는 것도 모두 스펙터클하게 달라진다. 이젠 그 아이만의 세계가 너무나 견고하고 탄탄해 더 이상 아이의 삶에 개입할 수 없음을 받아들여야 하는 것, 아이는 나와는 전혀 다른 하나의 인격체임을 받아들여야 하는 것이 내게 큰 상실이었다.

뿌리 깊은 외로움으로 아이와 강하게 연결되어 있는 나를 아이와 분리해야만 하는 것, 좀 더 성숙하고 독립된 인격체로 홀로서야 함을 받아들여야 하는 것이 상실인 것이다. 그러니 내 안의 미숙한 어린 아이를 잘 돌보고 키워 아이만의 삶의 축제로 들어가는 것을 보며 기쁘게 축복해 줄 수 있어야 한다.

그리하기 위해 우리가 '해야만 하는' 일이 있다면 그것은 앞에서 언급한 '성찰과 자기수용'이다. 자기수용이라는 것은 결국 자기사랑을 의미한다. 자기사랑이라는 것 그게 대체 무엇인지 감조차 오지 않았다. 너 자신을 사랑하라고, 네가 느끼는 감각과 감정은 모두 온전하다고 그 느낌을 따르라고 말해주는 이가 없었다. 우리는 자신보다 남들을 배려하고 그들의 시선이 중요한 것이라고 암묵적으로 교육을 받아왔다. 나 자신을 사랑한다는 것은 오만, 자만, 자부심과 구분자체가 되지 않고 그 기준점이 대체 뭔지도 몰랐다. 자기사랑이라는 것도 연습이고 훈련이다. 자신을 사랑하는 것, 그래도 된다는 것, 아니 그래야만 한다는 것, 이것이 바로 우리가 추구하는 모든 것들의 해답이자 시작점이라는 것, 우리는 오늘 지금 이 자리에서 충분히 행복할 권리가 있다는 것을 알고 그리 할 수 있으려면 어찌해야 하는가를 고민해야 한다.

우리는 누구나 예외 없이 '죽음'이라는 끝 그곳을 향해 가고 있다. 인식하고 깨어있건 그렇지 못하건 흐르는 시간은 절로 우리를 그곳으로 이끌고 있다. 삶의 유한함은 명확한 팩트이지만 자신의 죽음은 생각지 않으며 인정하지 않으려 한다. 좋은 것들, 우리가 향해 나아가야 할 일들, 해야 하지만 두려워 마주하고 싶지 않은 그 일들을 내일로 언젠가로 미루곤 한다. 하지만 언젠가는 우리에게 닥치게 될 일 '죽음' 그 날과 시간은 언제가 될지 누구도 모른다.

당연한 것 같은 내일은 아직 존재하지 않고 당연하게 느껴지는 오늘 그 시간이 어떤 이에게는 허락되지 않는다. 만약 내가 내일 죽게 된다면? 이라는 생각을 한번이라도 해 본 적이 있는가? 내게 허락된 시간이 한 달, 혹은 몇 개월이라면?

아이를 더 많이 사랑하지 못한 것, 남편에게 더 잘해줄 걸, 좀 더 여행을 많이 다닐걸, 해보지 못한 것들에 대한 후회나 아쉬움이 남을 것 같은가? 결코 아니다. 나 자신을 좀 더 아끼고 사랑하지 못한 것, 남과 비교하며 스스로를 하찮게 대하고 산 것에 대해 가슴을 쥐어뜯을 만큼 억울할 것 같다. 그렇기에 내일 죽는다 해도 아쉬움이 없을 만큼 오늘을 살며 사랑하고 또 사랑하려고 매 순간 노력한다. 아이들, 남편 그리고 나 자신을 말이다. 그리고 내버려졌다고 느끼는 내 안의 두 돌 내면아이 이젠 그 아이를 진정으로 품어줄 수 있는 힘이 생겼다.

동생과 18개월 차이인 나는 엄마도, 뇌경색으로 병석에 누워 있는 아빠도 차지할 수가 없었다. 맥락이 없는 어린아이가 뿌리 깊은 외로움을 감각으로 몸에 저장해 40여 년 간 정체모를 외로움에 얼마나 힘들어 했는지 모른다. 어리기에 힘이 없었고 세상이 주는 대로 받을 수밖에 없던 상처, 아팠던 모든 것들에, 과거의 그 시간들에 내 안의 어린 아이와 이젠 함께 울어준다. 그리고 다시는 너를 외로움에 내버려 두지 않을 거라고, 알았으니 미친 듯이 너를 사랑하겠다고 말해준다. 그 힘들었던 시간 잘 버티며 살아와 줘서 고맙다고.

자기사랑과 함께 꼭 해결해야 하는 필수요소가 있다. 자신의 과거를 용서하고 받아들이는 것이다. 낮은 자존감의 근원은 사실 수치심에 있다. 나는 '수치심'이란 단어로 표현했지만 shame은 실재하지 않는 허상이다. 과거 경험의 기억들로 인한 스스로의 인식이다. 자신에 대한 인식, 관념은 과거의 기억에 의해 만들어졌으며 내면에서의 '반복되는 기억'들로 의식하지 못한 채 조종당하고 있는 것이다. 우리가 할 수 있는 일은 신이 주신 자유의지, 어느 누구에게나 부여 받은 이 힘으로 과거의 기억과 인식들을 놓아버리는 것이다. 이에 대한 작업이 이루어지지 않으면 자기사랑이란 것을 가슴으로 내리기는 매우 어렵다.

우리가 받은 상처의 크기와 지난했던 과거는 나의 가치와 전혀 상관이 없다.

나는 하찮고 그저 그런 사람이 아니라 나는 하찮고 그저 그런 사람이라는 생각이 있을 뿐이다. 이 생각(과거의 기억과 인식)**을 절대 믿으면 안 된다. 의도적으로 나는 귀하고 장엄한 존재임을 믿고 말하고 글로 쓰라. 그리고 내 안에서 일어나는 모든 것을 받아들이는 것**(수용) **이것이 내가 아주 오랫동안 가지고 있던 shame을 놓아버리는 가장 효과적인 방법이었다.**

▶ 어리고 힘이 없기에 맥락이 없는 상태에서 수동적으로 다운로드 받을 수밖에 없었던 상처와 기억들을 인정하라.

▶ 그리고 과거의 미숙했던 나, 나의 무지로 인해 일어날 수밖에 없었던 모든 것들을 받아들여라. 우리는 스스로에게 화를 내지만 우리 힘으로 통제할 수 없었기에 그 일이 일어난다. 우리는 인식하고 이해하는 한에서 생각하고 행동할 수밖에 없음을 받아들여라. 그 때는 더 잘 알지 못했기에 그럴 수밖에 없었음을 알아야 한다.

▶ 내 안에서 일어나는 어떤 감정도 모두 인정하라. 질투 분노 슬픔 수치심 모두 온전하다. 부정적인 감정으로 여기며 몰아내야 하는 불편함으로 여기지 말고 내 안의 일부임을 인정해야 한다. 자신의 감정들을 판단 없이 그저 바라보고 지켜 볼 수 있으면 그 작업이 바로 놓아버림이다. 이런 경험들이 하나 둘 쌓이면 자기 수용이 된다.

용서, 자기사랑 그 시작점은 바로 그리하기로 '선택'하는 것이다. 이제까지 그렇게 살지 못했으니 이제 그리해야 한다는 것을 알았으니 선택하는 것 그것이 바로 자기사랑의 시작점이다. 과거에 어떤 삶을 살았든 지금 얼마나 힘든 상황에 놓여있든 이를 외부의 탓으로 돌리려는 마음을 멈추어야 한다. 앞으로의 삶을 재구성하기 위해서는 모든 것이 나 자신에게 달려있음을 꼭 기억하길 바란다. 누군가가 아닌 자신을 위해서 그 한걸음을 내 딛어야만 한다. 현실에 대한 불평, 자신에 대한 비난을 멈추고 삶이 나에게 가져다주는 모든 순간들에서 신의 사인과 메시지를 발견하려고 노력해 보자. 모든 상황 속에는 당신을 위한 신의 선물이 들어있다. 지금은 비록 이런 것들에 마음의 눈을 뜨지 못하고 받아들이지 못하더라도 말이다.

가톨릭에서는 사순절이 시작되는 첫 수요일에 자신의 죄를 참회하는 상징으로 머리에 재를 뿌리는 의식을 행한다. '재의 수요일'이라 불리는 이 시간에 신부님이 신자들의 머리에 재를 뿌려주며 "사람이 흙에서 왔으니 흙으로 다시 돌아갈 것을 생각하십시오."라고 말씀하시는 예식이 있다. 재를 머리에 얹고 우리들의 죽음을 기억하며 현재 살아갈 것을 상기하는 의미인 것이다. 원망하고 분노하고 질투하는 마음이 아닌 지금 여기에서 사랑하고 용서하는 마음으로 살아가야 함을 기억하자는 것이다. 오지 않은 미래, 그에 대한 대비로 이 순간 보아야 할 가장 가치 있는 것들을 놓쳐서는 안 된다.

김수환 추기경님이 우리 곁을 떠나신지 10년이 되었다. 온 국민의 사랑을 받으신 추기경님이 마지막 순간에 남기신 메시지도 "서로 사랑하십시오."임을 기억하기 바란다. 바로 이것이 궁극이고 절대적이며 영원히 변하지 않는 진리이고 진실이다. 한번 발견하게 되면 절대 잃어버리지 않는 보물 〈사랑〉 진부하게 들리는 이 말이 아직은 전혀 와 닿지 않더라도 말이다.

우리 삶은 아주 복잡하게 얽혀 있는 듯 하지만 사랑과 두려움만이 존재할 뿐이다. 불편한 순간 피하고 싶은 감정을 잘 들여다보면 두려움에서 비롯된 막연함일 가능성이 매우 크다. 의식으로 알고 있으면 감정에 휘둘리지 않고 그 불편함을 바라보며 흘려보낼 수 있다. 그리고 빠르게 사랑으로 돌아오는 것 그 선택은 우리에게 주어진 권한이다. 원하고 추구하는 삶으로 나아갈 수 있는 자유의지로 여러분들의 삶이 진실에 더욱 가까워 질수 있기를 진심으로 바란다. 이 한 문장으로 이 책의 끝을 맺고 싶다.

"If you want to change the world, go home and love your family." - Mother Teresa

삶에 기적이 필요하다면, 남아 있는 삶을 재구성하고 새롭게 창조하고 싶다면 먼저 가까운 가족에게 너그럽게 대하고 사랑하며 조금 더 사랑하시기를. 아이들의 웃음 속에서 늘 깨어 있으시기를. 그리고 그들과 '함께함'이 얼마나 큰 축복이고 사랑인지 알아차리시기를.

마치는 글

 엄마가 된 나는 좀 더 '좋은 엄마'가 되고 싶었다.

 '좋은 엄마'의 기준, 의미조차 모르면서 막연한 좋은 엄마가 되기 위해 나는 늘 있는 그대로의 내가 되지 못했다. 아주 오랜 시간이 지나 글을 쓰고 있는 지금 나는 알고 있다. 아이들이 바라던 엄마는 좋은 엄마가 아닌 '있는 그대로의 엄마' 그저 그 뿐이었다는 것을.

 아이들은 화내지 않는 엄마를 바라는 것이 아닌 자신의 감정과 욕구를 표현할 줄 아는 엄마가 되길 바란다. 아무리 감추려 해도 아이들은 부모의 무의식까지 모두 간파하고 있다. 화나고 분노가 올라오지만 이를 표현하지 못하고 안으로 꾹 눌러버리거나 삼키고 있는 부모의 상태가 안타까워 아이들은 심지어 그 분노를 표현하도록 이끌기도 한다.

 자신의 어린 시절 그 때의 기억을 떠올려 보라. 엄마에게 무엇을 바랬었는지. 우리들이 엄마에게 바랐던 것은 그저 엄마와의 연결, 사랑이었다.

아이들은 부모의 있는 그대로의 모습으로 자신과 연결되기를 바란다. 그들의 사랑은 조건이 없는 무한한 사랑이기에. 그저 지금 이 순간 여기에서 사랑하고 함께 하기를 바란다. 좋은 엄마가 되기를 바랐던 나는 내가 무엇을 해야 하고 무엇을 더 알아야 하는지 끊임없이 목말라했다. 그런데 조건 없는 사랑, 배려 깊은 육아에 눈을 뜨고 난 후 8년 이상 이 길을 걸어와 보니 내가 걸었던 그 길은 모든 것을 내려놓고 불필요한 것들을 놓아 버려야만 하는 그 길을 따라온 거였다. 놓고 싶지 않은 것을 완전히 내려놓았을 때 결국 자유로워진다는 것을 지나온 시간 안에서 깨달았다.

이 책의 의도는 아이들이 아닌 부모인 자신에게 초점을 맞추고 스스로 성장하는 법을 배움으로써 이전의 양육방식에서 벗어나 새로운 관점으로 삶을 재창조할 수 있음을 전하는 것이다. 아이들이 부모를 만족시키거나 지시를 수행하는 것이 아닌 주도적이고 책임감 있는 삶을 살아갈 수 있도록 돕는 것이다. 그리고 당신이 자신안의 큰 힘과 사랑, 위대한 신성을 지닌 존재임을 알게 하는 것, 진실을 느낄 수 있도록 돕고자 함이다. 세계적인 리더와 명사의 어머니들이 말하는 '아이들 일류 대학 보내기'가 이 책의 주제와 내용이 아니라서 실망하신 분들이 있을지도 모르겠다. 그렇지만 이 책을 읽어내려 오면서 적어도 여러분의 교육관, 가치관이 조금이나마 흔들리기는 했기를 바란다. 내 의식에서 최고의 가치를 쓰려고 노력했고 이 이상의 조언은 드릴 수가 없다.

이 책을 쓰기로 결심했을 때부터 지금까지 참 많이 힘들었다. 다른 누군가의 삶과 철학을 내 경험과 빗대어 써 내려간다는 것은 생각보다 쉽지 않은 작업이었다. 그런데 자료를 조사하는 과정 중에, 알면 알수록 내가 이 책을 쓰는 것은 운명과도 같은 일이었음을 순간순간 느꼈다. 그리고 글을 쓰는 내내 이전 두 권의 저서를 쓸 때와는 다르게 확연히 의식성장을 이룬 나를 느끼며 감사했다.

세상이 두려웠고 강박에 시달렸으며 수치심과 죄책감으로 점철된 일상을 살았다. 그랬던 내가 마음의 눈에 씌워진 뿌연 안개를 거두어내고 난 후 새로운 시야로 바라보는 세상. 그 세상을 말하고 싶었다. 새로운 삶의 문을 열고나니 이 세계는 이전엔 상상도 하지 못했을 만큼 아름답고 따뜻하며 언제나 나를 돕는다. 내 안의 감정, 내게 찾아오는 모든 상황의 온전함을 이해하고 나니 산 정상에 올라와 세상을 조망하듯 바라보는 것과 같다. 상대를, 상황을 바로 잡아야 한다는 생각이나 통제할 필요가 없어진다.

지난주에 한 독자 분께 메일을 받았다. 지난달에 내 강연을 들으러 와 주신 분이다.

작가님 안녕하세요? 기억 하실지 모르겠지만 몇 주 전 평택 롯데

마트에서 작가님께서 꼭 안아 주셨던 아산에서 온 세 아이 엄마입니다. 그 날 작가님 덕분에 매일 힐링하고 힘을 얻고 있다고, 정말 감사하고 사랑한다고 전하고 싶었는데 용기가 부족해서 제대로 표현을 못했네요. 작가님의 책 〈힐링육아 독서처방전〉을 우연히 접하고 도서관 카페에서 읽었는데 정말 얼마나 울었는지 몰라요. 똑같지는 않지만 저와 너무나도 닮은 상처이기에 작가님의 절망과 고통이 고스란히 느껴졌거든요. 그럼에도 불구하고 용기 있게 사랑과 성장을 선택한 작가님을 보며 정말 많은 위로를 받았습니다. 지금도 매일같이 작가님의 글과 영상을 보며 작가님을 닮기 위해 노력합니다. 작가님도 해 냈으니 나도 할 수 있다고. 그래서 오늘처럼 작가님이 큰 치유를 경험한 글을 보면 저까지 코끝이 찡해집니다. 작가님 정말 감사드려요. 저도 언젠가는 작가님처럼 다른 사람들에게도 선한 영향력을 미쳤으면 좋겠어요. 때가 된다면 또 뵐 수 있겠지요. 사랑과 기쁨이 늘 함께 하시길 기도드립니다.

이런 분들의 말씀을 들으면 나야말로 코끝이 시큰해진다. 이 분의 말씀대로 나 같은 사람도 했으니 여러분도 하실 수 있다고 꼭 전하고 싶다. 의식의 성장은 끝이 없지만 적어도 치유와 회복의 끝은 있는 것 같다. 8년여의 쉽지 않은 길을 묵묵히 걸어왔다. 그 길이 나만의 길이 된 것처럼 여러분이 걷게 되실 고유한 그 길을 축복하고 응원 드린다.

한걸음 한걸음이 더디게 느껴지더라도 조급해 하지 말기 바란다. 그 작은 발걸음은 결국 여러분이 가게 될 그곳으로 이끌어줄 미비하지만 결정적인 한걸음이다. 그리고 시간차라는 것이 반드시 존재함 또한 잊지 마시기 바란다. '~해야 한다'고 자신을 몰아붙이기보다 자신만의 속도를 인정하고 자신의 내면을 좀 더 많이 살피기 바란다. 판단이 아닌 관찰하며 보는 것을 놓아버림과 일맥상통이라 생각하라.

두려움에서 좀 더 자유로워지기를, 남들의 시선과 그들의 기대로부터 자유로워지기를, 본질을 꿰뚫을 수 있는 마음의 눈을 뜨게 되시기를 진심으로 바란다.

아이들 이야기는 많이 했으니 마지막으로 나와 평생을 함께 할 내 남편 박원서에게 몇 마디 전할까 한다. 나와 깊은 연결이 있는 당신. 내 삶에 들어와 치유의 여정에 함께 해 줘서 고맙다고 당신을 미워했던 만큼, 그만큼 진실한 사랑에 눈 뜰 수 있게 되었다고, 당신은 그저 존재함으로 나를 바꾸어준 사람이라고, 나 자신을 비추어 줘서 감사하다고 앞으로 함께하게 될 남은 우리의 시간들을 축복한다고 전하고 싶다.

지금까지 나와 연결해주신 여러분들께 마음 다해 감사를 전한다.

오랜 세월이 지난 후 어디에선가
나는 한 숨 지으며 이야기할 것입니다.
숲 속에 두 갈래 길이 있었고,
나는 사람이 덜 다닌 길을 택했다고 그리고 그것이 내 인생을
완전히 바꿔 놓았다고
그리고
로버트 프로스트 〈가지 않은 길〉 中

세계적인 명사들 엄마의 감정육아 인생조언
:명사를 만든 엄마들의 시크릿

1판 1쇄 발행 | 2020년 3월 2일
지은이 | 오지민
펴낸곳 | 북씽크
펴낸이 | 강나루
주   소 | 서울시 서초구 명달로24길 46, 3층 302호
전   화 | 070 7808 5465
등록번호 | 제 206-86-53244
ISBN   979-11-90034-99-9   13100
copyright ⓒ 오지민